DISCLAIMER

The author and publisher are providing this book and its contents on an "as is" basis and make no representations or warranties of any kind with respect to this book or its contents. The author and publisher disclaim all such representations and warranties, including but not limited to warranties of merchantability. In addition, the author and publisher do not represent or warrant that the information accessible via this book is accurate, complete, or current.

Except as specifically stated in this book, neither the author nor publisher, nor any authors, contributors, or other representatives will be liable for damages arising out of or in connection with the use of this book. This is a comprehensive limitation of liability that applies to all damages of any kind, including (without limitation) compensatory; direct, indirect, or consequential damages; loss of data, income, or profit; loss of or damage to property; and claims of third parties.

This Book Comes With Free Bonus Puzzles
Available Here:

BestActivityBooks.com/WSBONUS20

5 TIPS TO START!

1) HOW TO SOLVE

The Puzzles are in a Classic Format:

- Words are hidden without breaks (no spaces, dashes, ...)
- Orientation: Forward & Backward, Up & Down or in Diagonal (can be in both directions)
- Words can overlap or cross each other

2) ACTIVE LEARNING

To encourage learning actively, a space is provided next to each word to write down the translation. The **DICTIONARY** allows you to verify and expand your knowledge. You can look up and write down each translation, find the words in the Puzzle then add them to your vocabulary!

3) TAG YOUR WORDS

Have you tried using a tag system? For example, you could mark the words which have been difficult to find with a cross, the ones you loved with a star, new words with a triangle, rare words with a diamond and so on...

4) ORGANIZE YOUR LEARNING

We also offer a convenient **NOTEBOOK** at the end of this edition. Whether on vacation, travelling or at home, you can easily organize your new knowledge without needing a second notebook!

5) FINISHED?

Go to the bonus section: **MONSTER CHALLENGE** to find a free game offered at the end of this edition!

Want more fun and learning activities? It's **Fast and Simple!**
An entire Game Book Collection just **one click away!**

Find your next challenge at:

BestActivilyBooks.com/MyNextWordSearch

Ready, Set... Go!

Did you know there are around 7,000 different languages in the world? Words are precious.

We love languages and have been working hard to make the highest quality books for you. Our ingredients?

A selection of indispensable learning themes, three big slices of fun, then we add a spoonful of difficult words and a pinch of rare ones. We serve them up with care and a maximum of delight so you can solve the best word games and have fun learning!

Your feedback is essential. You can be an active participant in the success of this book by leaving us a review. Tell us what you liked most in this edition!

Here is a short link which will take you to your order page.

BestBooksActivity.com/Review50

Thanks for your help and enjoy the Game!

Linguas Classics Team

1 - Antiques

```
T O I J A P F K K S Y K N D
Q U M O E R W Ā O L H O D G
O I I Z I T A H R J A U Z K
R A U T A U C U E G B N M R
E P T P T L O A R T I G H A
M O U N Ā H Z C O F X A F N
T K L Q Q N N S V J V E I G
B J A V H A U T A M G J T A
Q R P O Y O T I H W A T A T
W H A K A A R O T N J P O I
J T P N B D C Q X A K D N R
Ā H U A : B T D N A N W G A
I H A M A K A H W P F G A V
O W K E T V D T X Y P L A F
```

TOI	TAONGA
PĀNUITANGA	RANGATIRA
MATU	TAWHITO
RAU TAU	UTU
KOPA	KOUNGA
ĀHUA:	WHAKAARO
WHAKAMAHI	KĀHUA
TAIEA	KORERO
KAUPAPA	UARA

2 - Food #1

```
P C C D F O W A I Ū V H K H
O A N A M E R R Ō P E R E U
R N R T V S D A L A S P T K
I U S E E I Y W T P T O O A
N T H L I P W H X U L W T R
I I W Q A A I R H N S F I
T R N W M R P N P Ā N A T I
Ī K W M B A R A R S U K C Q
H Ā N Ā O Q I M Q J N I X F
O P F Z W J C O H M H N W C
I Ā Q S M Ā O N L L B I X V
X K J H X E T A G Y T I Q Z
R Ā M Z L Q R U B N Q P R Q
G P V U F N Q H A H U I G M
```

APRICOT	PĀNATI
PAREI	PARA
WĀWĀ	SALAD
TARO	TOTE
HINAMONA	HUPA
KĀPĀKĀ	PIINIKA
HUI	RŌPERE
REMANA	HUKA
WAIŪ	TUNA
ORINI	TĪHOI

3 - Measurements

```
X T Y G N O I T E N E M F L
R O V Z I T N H E X K I W R
U N O H O H I D Ī I J T N I
I A T I A P T O A I T G I R
O R U E K E I D B Y L E W O
S H Y C R F A P X K H Y I T
K I R O R A M A M I T A Z O
C T P A U N A T I A G S K K
M J E N I E A W W H Ā N U I
X C N H 0 0 1 T E R O A L E
W I U K I U H L R T F B M K
K P O C V R K A R A M A W G
S X R I T A A U K B R H C D
T L D Q X G B M A E I G E Y
```

PAITA	TE ROA
INITIA	RITA
TE HIRA	WHĀNUI
WAEINE	MITA
HOHONU	MENETI
KARAMA	OUNE
TEITEI	TONA
ĪHI	ROTO
KIRORAMA	PAUNATIA
00 1	

4 - Farm #2

```
R Ā K A U W Ā H I R W U H P
U O F Q P O L H R G E T Y Ā
U N L S F H P V W F P M K R
H Ē P A R A U I H Q C K E E
S O J G Z N T A A V B A V R
U R D N N A L S R A W R E A
W O M Ā L H P Z E Q A A K M
S T O K A I T I W H I R A A
W A I Ū M K G A L I W E I T
R Z B E A A V K F P A H P A
D E Z N R R L Z G I I E Ā I
H Z V N R A W H E N U A M H
Y S O Z S T P R X P G S U I
H U A W H E N U A H Y W R T
```

KARAREHE
PAREI
WHARE
KĀNGA
PĀRERA
KAIPĀMU
KAI
HUA
WAIWAI
REME

LAMA
WHENUA
WAIŪ
RĀKAU WĀHI-
HIPI
HĒPARA
TARAKIHANA
HUAWHENUA
WITI
MATAIHI

5 - Books

```
K A I T U H I T R H H G W S
U E I M N P N U A U T N H L
K B W U M X E H N M O Z A M
I O R E R O K I G O R P K Z
U N H M L L K T A R I Ū A W
N P Z I S Q G U T O A R A K
Ā G Y I N A I H Ū U U A R A
P F Ā V F G E I G S H N O U
Ū J T K T G A F P K Ā G R P
P R D R A O I R Ū B Ū I Q A
O A A G N U H F R G P S Q P
A T A H I B R E E H T L E A
M Ā T Ā T O A U I B Y R H D
P U K A P U K A A C Q T I K
```

MĀTĀTOA	KAUPAPA
KAITUHI	PUKAPUKA
PŪĀHUA	PŪREI
KOHINGA	TOHE
NGĀKAURUA	PŪPĀNUI
PŪRANGI	HUNGA
HTORIA	RANGATŪ
HUMOROUS	KORERO
WHAKAARO	ATAHI
TUHITUHI	

6 - Meditation

```
R O R A A K A H W A G N Q H
Y Q G E M I T S H O E C C E
Z H A G N A T E A A K A H W
R X T B V N A C K A E R X H
Q J E R E R A K A G N A D A
T Q W K W R K U M Z E N D K
O I Ā N G Ū B H A S T G K A
P T R A R O H A H K N I I M
Ū H R O A I A T I F R M T A
R N F R H R R R D S S Ā E H
A Y U O R A A K A H W R N I
T E R U H E N H A W A I G E
A Z Z P N K S G P I K E A Z
F K Ō H A U Y M A K W C U Z
```

WHAKAAETANGA
ARA
HAWA
ĀIO
PŪRATA
AROHA
NGA KARERE
HE WHAKAMAHI
KŌHAU
WHAKAMAHI

WHAKAARO
TE NEKE
PUORO
TAIAO
KITENGA
RANGIMĀRIE
TIROHANGA
NGŪ
NGA WHAKAARO

7 - Days and Months

```
T H L L R H P U T M P L D M
U M V E E F A A Z T V Q J A
E H V O F K M T R S M A N R
R A Ō B I L E V A A V X V A
E X W T E L W F T R I B F M
E U W D A Z O B U A E R B A
I O G N O G N Ō H P R I E T
O K E T O P A H A E E R T A
W E N E R E I A M R U Ā I K
M A R A M A E N R I P H A A
O A P E J T A U Ā R E I T W
B A W A T E A A T A P N E I
P K V S W X J R A U W A Y K
Y G X U A J I I T G P R C I
```

APERIRA	NOWEMA
AWATEA	OKETOPA
MARAMATAKA	HATAREI
PEPUERE	MAHUTA
PARAIRE	RĀTA
HANUARI	TAITE
HŌNGONGOI	TUERE
HŌTA	WENEREI
RĀHINA	WIKI
MARAMA	TAU

8 - Energy

```
A S W B M V S T M K S E F N
S P H Q Ī C M I J A A D V U
Q T A D H F L E S E I D D I
Z Q K P I E L N P V U I W H
F X A F N P W T G Ū O P A I
W D P T I H V R U S H V R K
Y I O A A B M O I K A I O O
W M T X H I T P G B K H K S
D A O T A H A I W N A I I O
O C H D K A R O E J H R H H
F P R I Ū M E P G M W A G A
C Z L G P U W U R U T K B U
Y W O K I H A R I A W I A W
B U A G N A T O N I K Ū T U
```

PŪHIKO
WARO
DIESEL
HIKO
IRAHIKO
PŪKAHA
ENTROPI
TAIAO
WAHI
NUI HIKO

WERA
WAIWAI
AHUMAHI
MĪHINI
KARIHI
WHAKAPOTO
TŪKINOTANGA
WHAKAHOU
TURUW
HAU

9 - Archeology

```
O  W  U  L  T  Q  K  J  P  D  X  L  W  F
M  M  M  H  A  C  F  O  U  A  M  L  O  U
Z  R  U  F  W  T  E  M  E  P  A  R  A  R
Y  W  J  P  H  D  O  J  J  Z  G  S  M  I
F  H  P  C  I  H  A  M  A  K  A  H  W  X
K  X  A  I  T  H  N  C  J  S  K  C  U  Y
G  F  U  L  I  K  O  R  E  R  O  R  A  Y
X  Z  E  E  R  A  W  E  R  A  W  N  A  L
U  Q  H  R  U  A  G  N  U  H  O  T  M  M
T  E  W  H  A  K  A  N  U  I  U  Z  F  G
N  G  A  M  E  A  O  R  A  G  N  R  C  L
K  A  I  P  Ā  N  U  I  H  R  E  D  U  Y
K  O  R  E  M  O  H  I  O  Y  O  I  U  B
A  R  O  T  A  K  E  N  G  A  T  A  M  A
```

WHAKAMAHI	NGARO
TAWHITI	NGA MEA
WHEUA	ORANGA
TE WHAKANUI	RELIC
URI	KAIPĀNUI
AROTAKENGA	TAMA
TOHUNGA	TEMEPARA
WAREWARE	URU
KORERO	KORE MOHIO

10 - Food #2

```
G M A H F K Y S G P Y R N K
T O R O P Ā J J N A G N Ū O
K C T Y S C H L E N Y U Y R
A W I I X V C Q R A U H P O
R U C H T Ī H I J N I T U K
E F H Q E O Z K M A H I R O
P V O U W I Q V I D W O G L
E Ī K Ī P I H A R W I K T I
W O E M U A T E F J I O O A
D V R Q M V E I I G F R M T
U C O H A I T I J Y G E A V
Z H R I Y O U Z M Q S T T M
M T A K S R A B L J B E O D
J P H A P T K Q L M S O G S
```

ĀPORO	ŪNGA
ARTICHOKE	IKA
PANANA	KAREPE
KOROKOLI	HAM
HAITI	KIWI
TĪHI	HARORE
PĪKĪ	RAHI
HEIHEI	TOMATO
TIOKORETE	WITI
HUA	WHIU

11 - Chemistry

```
D L C Q Q O F S W A R E W Q
K J H H T G R Y K T A K E A
W A I K A W A G V O O Y P W
N W A H H K T F A G C T U A
B W W Z J P O T I N H G E R
V N U I R B G T H B I C N O
P Ā M A H A N A I O N C I K
R K Q W P Q I O R V E G R A
K Ū V I Y A O T A D N I O I
R K T A H P P S K C Z P L T
C B O W Z D Ā U H U Y U H A
A S A A Z T R I A S M T C I
I R A H I K O D S K E K Q O
H Ā O R A Ā R O T O F E X F
```

WAIKAWA	WAIWAI
KAUPAPA	ION
NGOTA	WAI
WARO	RĀPOI NGOTA
KAITAI	KARIHI
CHLORINE	ORGANIC
IRAHIKO	HĀORA-Ā-ROTO
ENZYME	TOTE
KŪKĀ	PĀMAHANA
WERA	

12 - Music

```
T R A N G A T I R A Q T O H
P O H O P U O R O A X A Q P
T Ū H R P U V S Y M P N R A
L Y O U P I D O L E M G V I
T W B R T N I G A B E I J H
W A M B O O E D P A R A R A
B U N H Y M H L I Y N R T M
K F I S X R Ā U F Y M E Ā A
W O F U P A T U P A T P H K
A O R H V H B S C U K O O A
I F L E A A Z Y J R K C P H
A B I J R R E Y P D O U U W
T W X R W O H A R M O N I C
A R A I L X P U K A P U K A
```

PUKAPUKA
PARARA
KORERO
RANGATIRA
HARMONIC
HARMONI
WHAKAMAHI
TAPUTAPU
MELODI

HOPUORO
PŪORO
WAIATA
OPERA
TOHUTOHU PUKU
TĀHOPU
TĀHEI
TANGI

13 - Family

```
K  U  I  A  N  U  P  O  K  O  M  Y  S  C
E  Y  K  R  D  E  P  C  P  G  Z  Z  F  Z
K  N  I  E  N  I  H  A  M  A  T  M  Z  X
N  K  R  T  W  H  A  E  A  A  A  A  P  I
U  L  A  A  U  I  R  Ā  M  U  L  D  T  C
K  U  M  P  H  P  S  M  W  B  C  D  Z  A
C  M  A  L  V  U  U  M  R  Q  J  D  T  O
T  T  T  W  K  W  E  N  A  T  V  Z  E  M
W  U  W  H  B  L  O  H  A  K  I  Z  I  A
A  Q  H  A  P  W  K  I  F  F  I  B  N  H
H  S  N  I  T  I  A  M  A  T  H  A  A  I
I  E  X  J  N  Z  B  L  R  J  U  P  O  A
N  J  R  V  U  G  P  A  P  A  T  Y  D  P
E  T  V  K  Ē  K  A  U  T  A  M  T  Y  P
```

TUPUNA	TANE
KIA	WHAEA
TEINA	WHA
TAMAITI	IRĀMU
TAMARIKI	TUHI
KOE	PATERA
TAMAHINE	TUHINGA
PAPA	MAHIA
MOKOPUNA	MATUA KĒK
KUIA	WAHINE

14 - Farm #1

```
U H O U R O N S X C W O W H
T O P W L A O Z K T B J I E
K N J O A D H W B C V T V W
B I E H W Ā K I H I G Z A A
I E B I I T A O K A S K G I
A H H O R S U P Y W X O A A
R I C H U S T U A U A K N K
P E E X K C B Q Y I U Y E O
Ī H N G Ā K A N O N A P H K
W H A K A M A H I G N T E A
Y B E T K E Q K F E S N I I
W S D Y R U J A X R O I U H
X P W H C R H H H U D U M E
F L U J W H A R E M D A Y L
```

WHAKAMAHI	TAIAPA
PĪ	HE WAIAKO
BISON	WHARE
KĀWHE	KOATI
NGERU	HEI
HEIHEI	HONI
KAU	HOIHO
KAUA	RAHI
KURI	NGĀ KANO
KAIHE	WAI

15 - Camping

```
M L E C W E M B E P Y H R W
P Ā A R C Y I V Z E J C G H
L A T Y Q R E A O M Q X V A
U R O Ā W A K A S N H N E K
D V P W T T E N T A R G P A
I I F Z K O N I E G U N A P
K H Y Z O T A H I N P G R U
R A A W N O M B C U A A O A
Y F U M T R A R U A T H H S
T U Y P M V M I U M U E A H
M A P I A O A I A T P R Y V
H H Y X F P C O K T A E C Y
E H E R A R A K Ā K T T Z O
F N G Ā R A R A R A R I T L S L
```

MĀTĀTOA
KARAREHE
WAKA
KAUPAPA
TAPUTAPU
AHI
NGAHERE
AROHA
HAMMOCK
POTAE

WHAKAPUA
NGĀRARA
ROTO
MAPI
MAMA
MAUNGA
TAIAO
TAURA
TENTA
RĀKAU

16 - Cats

```
M E P K I W K U I T L I C U
E O G A M H E T W A D M J D
D M U T J A P D K N O H F X
V E R O I K W T J G X K D R
Q Y R A W A Q I M I T I B H
J M Z M G M M R K D E M N Z
T A R A U A O K Z Z I P L V
W A E X M H E O T E R E N Q
H H N N U I K V I Z Q Q E O
X O A G O M A H I A M D B E
H L J K A T Ū R O A Y B Z M
W B Q W A T E X G H P A W I
H I K U B M A U A Z O R B R
T J V Y Y H Ā F H U Y M W O
```

RAU
TŪROA
MAHIA
TERE
KATOA
OUMU
WHAKAMAHI
TANGATA
ITI

KIORE
PAW
TANGI
WHAKAMĀ
MOE
HIKU
MOHO
MIRO

17 - Algebra

```
P W H A K A W E H E N R Y W
A I L Q Y B W T Y D Q U Ē H
E H O A H O A T Ā Y U G I Ā
R A B G I L F Ā O T R O T R
A M J N X W P U G W A X A I
N A T A Z Y H P N H R I N T
G K K T E C C E O A U R G E
I A G U B L Y K R K R T O P
Y H P A Z K L N B A A A T C
Q W K H T Q G B W O R M A M
L U O K U V T N P T Y X N T
Y X R G Y B E A U I L P G Y
T R E S H I A Y M F K U A U
T A U R E A P A P U A K P U
```

HOAHOA	NUI
WHAKAWEHE	RARURARU
WHĀRITE	WHAKAMAHI
TAUREA	RONGOĀ
HĒ	WHAKAOTI
TĀTAI	TANGOTANGA
HAUTANGA	TAMU
KAUPAPA	TĀUPE
PAERANGI	KORE
MATRIX	

18 - Numbers

```
V O Y A I I W Ā N W E T T V
Q T K K A R I H E T B E E X
F C O K B V A W I J Q K K K
S J R R U W C H T V A A A
W T E T R A N P A U U U U R
Q A E Q A K E N T D R M M U
I M R K W H O W B E O A A A
O I A U A M U A K E T I T
A R W A M U R U A S Y O W E
T E K A U M A W H A O R A K
Z N X E A K V J L C N U U A
L M P K K C R Y Q N O X Q U
E T P R E Z Z U M W T N D T
T P T C T E K A U M Ā O N O
```

TE HIRA
WARU
TEKAU MA WARU
RIMA
WHĀ
TEKAU MA WHA
IWA
TEKAU MA IWA
TAHI
WHITU

ONO
TEKAU MĀ ONO
TEKAU
TEKAU MA TORU
TORU
TEKAU MAUA
RUA TEKAU
RUA
KORE

19 - Spices

```
K O C I T T C N R M Ā T P P
P A Y Q H O R E R O K Ā A Ū
L Ā N O R T K F H M Ā H P R
F E T E U E A W I A P U R A
K E V A K J W B N D Ā H I R
A R N D T E A A A R K U K A
R A B U L A I Ū M A P Q A R
I N M I G Y Z H O C X D R A
B I A P K R Y W N R P R A F
G S H L F Q E W A M S V R Y
P E I N I R O E T E H G Ā Q
S A F F R O N L K U I T P Q
R E O N A M Y H K K I C U I
N U T M E G K V V E W L J K
```

ANISE	TĀHUHU
KAWAI	KĀPĀKĀ
CARDAMOM	KANEKE
HINAMONA	NUTMEG
KORERO	ORINI
PŪRARARA	PAPRIKA
ŪHWW	SAFFRON
KARI	TOTE
PĀTATA	MAHI
FENUGREEK	PĀRARA

20 - Universe

```
T T A W H Ā V A M A M P K T
T E U Y K S T R R F E O A Q
G I R G U L U O T N D U U G
S G R O X L D R R D U R W Ā
B N F E A A I A X O E I H W
Y A F E T C O N B F K G A H
S R K M A I R G I D Ō N U I
C O R I T M E I G T M A X N
R W L N G S T R N U A R F A
T L P S Z O S Z A A R Ā J H
Q X J G T C A F R K U H D U
V G F A M I G S A O R W Z E
Z O D I A C C F K I Ā N M O
K A K I T E A E I K Q J M U
```

ASTEROID
ARORANGI
KAUWHAU
TIRETIERA
COSMIC
POURI
TAWHĀ
IKARANGI
TUAKOI
WHĀRANGI

TE ROA
MAMA
ĀWHINA
RANGI
KŌMARU RĀ
SOLSTICE
TATA
KA KITEA
ZODIAC

21 - Mammals

```
M K R K E Y O Z T E G K Z O
E F F A R I G Q O P O U X Z
N Y I J I F N M H Ō R R G T
N T A A H O I U O K I I Z Y
U R Ū P O D N H R I L L K I
R J W G I A U A Ā H L D U B
U H P K H D X S E I A B O V
P K N V O A Q Q P N G E R U
T Ā M F K L Y U A R B E Z C
H U K A N Ā K Ā H W A G N S
D B V E K M Y R A W O L F A
Y R Q A H I H I P I J T F I
L I Q X U Ā R A P I T I A H
A R E W H A N A A T C L P E
```

PAHA	GORILLA
PURU	HOIHO
PŪRU	NGAWHĀKĀNA
NGERU	RAIONA
PĀKEHĀ	MAKI
KURI	RAPITI
AIHE	HIPI
AREWHANA	TOHORĀ
PŌKIHI	WOLF
GIRAFFE	ZEBRA

22 - Fishing

```
V K K Y G Q B K E U Q M W J
L E E P M J I T I G F U H P
R O T O L Q H R C N X N A W
V G L N X U A T Ū P I G K F
K A U A E N T W G M U A A T
N S U N C H J U A K U K M T
G U J D W E R D M V A T A A
Y G K I E N I U A T G H H P
P A U N A T I A H S Q U I U
V N H H E Q E H I T W I I T
P A Q W A C Z K W C P V P A
H O I A W H A K A N U I D P
U M D K H X Q W I C U P Q U
O U C A K V H H C J X O W F
```

MUNGA	ROTO
KETE	MOANA
TAHI	WHAKAMAHI
WAKA	AWA
KUKA	TAUINE
TAPUTAPU	PŪTAU
WHAKANUI	WAI
KINI	PAUNATIA
MAHI	WAEA
KAUAE	

23 - Bees

```
N H Z N V G D S W N Q U R S
I W W C H O U B E M U T A A
W G E C W H N V I H U A K A
B M W T R O T A N I L L O P
K L Y K A N C K I D V N W W
N G Ā P U T I P U T I K A H
X R D Q P T V K K F D A K A
H I K U I Y H Ā A R L U I K
Y I L A T A O R I U L P M A
K A I K A P N I W O J A P M
D S H E O D I S B F M P U A
U F A R K I D J O U W A H H
G V U P A R I R A U Q R P I
E G A R A R Ā G N I V Z A S
```

WHAKAMAHI
KOI
KAUPAPA
NGĀ PUTIPUTI
KAI
HUA
KĀRI
NOHO
HIKU
HONI

NGĀRARA
TIPU
PAKI
POLLINATOR
KUINI
AUAHI
RA
KAUHI
WAKI
PARIRAU

24 - Photography

```
X  T  B  I  I  O  J  K  O  W  O  F  R  N
R  T  P  H  D  G  O  A  O  G  R  S  A  G
K  F  B  Y  I  N  L  K  E  U  A  W  M  Ā
K  Ā  M  E  R  A  P  A  P  U  A  K  A  K
V  W  V  X  U  P  Ū  H  H  U  K  A  W  Ō
I  X  H  G  O  Z  R  U  I  P  A  D  H  R
C  K  R  A  P  O  A  A  L  O  H  C  A  U
G  L  I  U  K  M  T  N  X  U  W  N  K  R
M  S  V  H  M  A  A  G  M  T  T  U  A  U
H  B  Q  Ā  Y  T  T  A  E  Ū  J  O  M  E
C  U  X  Ū  I  A  F  A  X  J  I  Y  A  R
R  X  B  P  Q  E  P  E  N  Y  T  I  H  R
T  I  R  O  H  A  N  G  A  G  A  D  I  G
O  B  J  E  C  T  M  Z  A  A  A  V  D  Z
```

PANGO	ANGA
KĀMERA	RAMA
TAE	OBJECT
KAUPAPA	TIROHANGA
PŪRATA	POUTŪ
POURI	NGĀ KŌRURU
WHAKAMAHI	PŪĀHUA
WHAKATANGA	KAKAHU
HUKA	WHAKAARO

25 - Sports

```
P T U W P E K O R O W H A P
M Ā O L Z Q B A R A P I A K
V G T A U H O K Ū T I O P H
I U V Ī K X H T S U X I A U
L A S P Z G V O R O R Ō P M
K H K R U L M M K Q X R U A
X E Q A R A K I H I A P A N
C A O T B O A W A W I A K A
J T X Ē K A I T Ā K A R O H
A A G N A N A W E U M Ē K I
G K L E K E N E T D A Z S M
C A W H E A F Y J S T H W A
A H U I M F A F N N L P X X
R W S T L V B M N K T X Q R
```

KAIPARA
PŌRORO
POITŪKOHU
PAIHIKARA
WHAKATAEHAU
KAUPAPA
KĒMU
KOROWHA
HUMANAHIMA

PĀTĪ
HOKI
TE NEKE
KAITĀKARO
KAIWAWAO
WANANGA
TAMA
TĒNEHI
TOA

26 - Weather

```
M O M U Z Q K Y Y E A J G A
A A G N A R U A T E T R B W
T X R B A L O X U U I R A A
A P A P U A K D M W Z B W N
M O R I T I W C A G H V W W
A L I H A G K E O E W A W A
H A O T H N A X R P N I U N
A R R X W A Q N E X Q R Y I
R J A I O H W X O K A P U A
A I N K O H U U S O R W Y Q
Y I G N A R I E H V S K Q O
Y S I R U H O Q S P P N O L
F J M C P L E M O R E R O U
A W H I O W H I O V N P X M
```

KAUWHAU	UIRA
KAUPAPA	MONSOON
MAORE	POLAR
RANGI	AWANWANI
KAPUA	AHI
TE TAURANGA	MATAMAHARA
MORERO	WITIRO
KOHU	AWHIOWHIO
HURI	HEIRANGI
TIO	HANGI

27 - Adventure

```
H  H  E  I  N  H  A  U  M  A  R  U  Y  T
A  A  G  N  Ū  G  X  A  L  N  J  S  O  E
B  U  E  Y  T  K  O  U  G  G  X  A  U  W
T  A  F  R  X  X  G  H  T  A  W  G  R  H
Ū  U  O  J  E  J  U  A  E  E  T  N  S  A
P  H  J  W  H  A  K  A  A  R  O  E  S  K
O  O  A  I  U  H  Q  T  E  C  U  T  W  A
N  T  B  P  W  O  A  A  R  H  P  I  Z  T
O  U  P  A  C  U  V  L  A  H  O  R  A  E
V  H  I  O  B  R  Q  U  M  T  A  A  G  R
N  O  R  E  R  O  K  M  A  B  I  K  W  E
E  T  T  C  X  S  R  M  M  B  A  A  T  R
H  I  A  H  I  A  K  O  U  Q  T  H  O  E
M  Ō  R  E  A  R  E  A  A  R  X  W  A  F
```

NGOHE	TOHUTOHU
ATAAHUA	AROHA
TOA	TAIAO
TŪPONO	TE WHAKATERE
MŌREAREA	HOU
ŪNGA	WHAKAARO
UAUA	WHAKARITENGA
HIAHIA	HAUMARU
HAERE	MAMARE
E HOA	KORERO

28 - Sport

```
H H K N U O F H R Y S I V F
L A Ā F W L G N P G V Y X L
Z U U K E O J H F Z B T B N
B E H O I W H A K A M A H I
J H O H R N B D F H Z K T W
E W T Y F A A Y T I V C E Y
K A I P A R A K Z K R P K M
P A H I K A R A I I R U A A
S P Z R G Z S B O N I T I H
K A N I K A N I D B A K N I
P P M E T A B O L I S A G S
R U Ā H E I N G A L B H A G
M A M M W K W X T A T A P B
X K I B X R F K Z W Y H V M
```

KAIPARA	HAUORA
TINO	HIKI
WHEUA	WHAKAMAHI
KAUPAPA	METABOLI
PAHIKARA	MAHI
KANIKANI	TE KAINGA
ĀHEINGA	HĀKINAKINA
TOHU	KAHA

29 - Circus

```
F N C F W T J M H Q F Y C V
X Y S I U H A K K K S O V O
Z U E I P P A T N E T R A R
U Q S Z A Q U K T I K E T I
N B L B W O W O A J T R A D
K A R A R E H E R A C O B D
V T T I G E R F Q O T K O T
M I W H A K A M A H I U R O
V H S L W T P T I K A R C O
X A N O I A R Ū G L S D A H
E M L V K Y A N A H W E R A
W H A K A A R O C N Y M V Z
T O O I M T L R E L G U J A
T E K A I T I A K I S I S Y
```

ACROBAT
KARAREHE
PŪANGI
KORERO
KAHU
AREWHANA
WHAKAARO
JUGLER
RAIONA
MAHITA

MAKI
PUORO
WHAKAATU
WHAKAMAHI
TE KAITIAKI
TENTA
TIKETI
TIGER
TIKA

30 - Restaurant #2

```
H Z E K U I S X A V J K W H
I A W D H K C A P U H I A Ō
M N J R E A Z M L P N K I N
G L O N O K Ō M H A N I T Ā
H H B I L U E Z R X D P E A
W H Ā N U U X K M A D M R C
X W N M T V W C K P J U E M
R V Y T I Z T E O S M A X X
T O T E O A Ū K A U P A P A
I T O S L U R C J R A V G U
P C W L I A U A E U K R U D
O X X K W H F U G R J L C S
K I M I X U R M N L Q W A J
M P A I K A R A K A G N Y V
```

KAUPAPA
INOI
KEKE
TŪRU
HŌNĀ
TINA
IKA
MŌK
HUA
TIO

KIMI
SALAD
TOTE
HUPA
NGA KARAKIA
KONO
WHĀNUU
WAITERE
WAI

31 - Geology

```
U P E L Y X M R L W E G D N
D U R E S Y E G F Q H C D G
H I Q Y X A T A O I T E M Ā
A A J X Z X I I P X J Q O H
W Z Q U Y G T O K A A N A U
A T O T E T C T K G P I C R
K W H E N U A O A N A Ā V I
I O E X H J L T U U U M P N
A X R J G R A I P H K E M O
W J R E A S T G A E A W G A
R Ū R I R N S N P T M L Z C
K O A T A O L A A P L G L I
A H P F S L A R E N I M G S
M X M Y X M U S F P Q C R I
```

WAIKAWA	GEYSER
KAUPAPA	RANGITOTO
ANA	APA
WHENUA	MINERALS
WHEO	PĀPAPA
TIOATA	KOATA
NGĀ HURINOA	TOTE
RŪRI	STALACTITE
TE HUNGA	TOKA
KORERO	PUIA

32 - House

```
V B Y W D A M U P A T M T Z
M A T A M A T A Ā H L O A Z
K F F P Z W A P R Y Y Y T B
G Z H S K H C K A I A P A T
R W J Z H S G X R R W M U F
A K A R A T E D A Ā A S Ū I
M P U K A P U K A K I P K R
A T A A K A H W I A R Ā Z Ī
L X Y P H M U U Y R Ā T H E
J R X X U X P N V M K Ā X G
Q C H G V M A G N O A T R R
T A I A P A B E I O U Ā M T
K U T A H I Y K T R B Q T R
B K D L S Q K R V B S L R D
```

PĀTĀTĀ	KĪ
BROOM	KUTAHI
ĀRAI	RAMA
TATAU	PUKAPUKA
TAIAPA	WHAKAATA
PĀRARA	TAPU
PAPA	RŪMA
TAONGA	WAIRĀKAU
KARATE	PAIA
KĀRI	MATAMATA

33 - Physics

```
U A V E L O C I T Y W Y P C
X T O T A M P E S Y A Z U E
L O E F C K F U X W N D H R
Q G L H T M V E Q H A P O E
A N C K U R K R N A N D Z R
F I I H I R A K G K G L L E
I O R O S Y U B A A A Q Q Q
R P A H L W P Z M O G N W U
A Ā P M A T Ū J A K K G I E
H R Z T Ā T A I H E Q Ū S N
I W H Ā N U I T I O I P K I
K K I A T O K B E Z T U C Ā
O P Ū K A H A Q G R D H S O
W H A K A M A H I F E F P K
```

WHAKAOKE
NGO
TE HURU
MATŪ
KIATO
IRAHIKO
PŪKAHA
TĀTAI
REREQUENI
KŪKĀ

WHAKAMAHI
WHĀNUI
NGA MAHI
RĀPOI NGOTA
KARIHI
PARICLE
TERE
WANANGA
VELOCITY

34 - Dance

```
A B H K N H I T C M W J K I
F M M Q N U K W D D R Z O S
Z D Ū P Ō T A O N A H O R A
I M R I E H Ā T V O A K E T
K Ō H A U K U Z E M A C O E
Y K M Q R L E R Z Q C G G N
T I K A N G A E R U H A R E
P X N K X W H S X M L T A K
U L G K A P A P U A K I P E
O D Z Q O R O M O Y F N H S
R B S S H R E W F G G O Y N
O U Z F T E O R N T O I R Q
W H A K A A R Ō O E U H B I N
W H A K A M A H I F I H C J
```

TOI
TINO
KOREOGRAPHY
KAUPAPA
AHUREA
TIKANGA
KARERE
WHAKAMAHI
AROHA NOA

KŌHAU
PEKE
TE NEKE
PUORO
HOA
TŌPŪ
TĀHEI
NUI
WHAKAARO

35 - Shapes

```
K P R I K I P U K R P D T E
A O T D T O C P H A M P A P
W R A S T S K M A N W O P Ū
A O R I T I T O F G B L A W
O T A X U E K H N I N Y W E
F Ō W H A W H A I G D G H R
K T I K N D P E B Z A O Ā E
T A F Y Ā Z J O L Z A N W W
A H N I P O V K W L O P I E
H A R V N V N H M S I R P R
A P O R O H I T A P R P G E
P O R O T A K A R O A I S D
R T A P I N H K Q A H C N E
B J L C W O F S X X H G O A
```

AWA	RINA
POROHITA	POROTŌTAHA
KOE	POLYGON
KOKONGA	PRISM
KUPIKI	TARA
ĀNAU	TAPAWHĀ
POROTAKAROA	TAHA
TAPI	RANGI
ELLIPSE	WHAWHAI
PŪWEREWERE	TITIRO

36 - Scientific Disciplines

```
S O C I O L O G Y T W N N M
B I O C H E M I S T R Y B A
F P M Ā T A I M A T Ū R Q T
A O M A T A W H E N U A W A
G R G M K I K O K I K O H U
N O O Z O O L O G Y H S A R
I G E I H A M A G N X C K A
A P Y G O L A R E N I M A N
K U M N V K R A V Z X E M G
E I N A T O B Z R E B K A A
T V S R G U S B Q O L L H L
M Y G O L O R U E N H P I P
O D Q R T E R E O Q T A Y R
R A M A H I W H E N U A H U
```

KIKOKIKO
MAHI WHENUA
ARORANGI
BIOCHEMISTRY
KOIORA
BOTANI
MĀTAI MATŪ
AROHA
MATAWHENUA
TE REO

NGA MAHI
MATAURANGA
MINERALOGY
NEUROLOGY
TE KAINGA
OROPI
SOCIOLOGY
WHAKAMAHI
ZOOLOGY

37 - Science

```
E M M M Y A Z N K W W K G T
H Q I A L S Y G I H H A R I
U A P N T B L Ā T A Ā U A P
P Z O Y E Ū Z P E K R P V U
U D R J J R R Ū N A A A I M
R B U O R R A L G M N P T W
A V A K G V A L A A G A Y H
N O R S Z D C R S H I O G I
G K O R E R O E A I G N A R
I T A I A O G N Z U A H U A
R Ā P O I N G O T A N W D X
T E W H A K A M A H I G T V
G N G O D I I Z K J J Q A P
D S Z Z X F M E K A E K N X
```

NGO
MATŪ
RANGI
RARAUNGA
EHUPURANGI
WHAKAMAHI
MEKA
KORERO
GRAVITY
TE WHAKAMAHI

WHĀRANGI
KAUPAPA
MINERALS
RĀPOI NGOTA
TAIAO
KITENGA
RAUROPI
NGĀ PŪ
AHUA
TIPU

38 - Beauty

```
W W L S W H A K A M A H I K
Ā Q K U T I K U T I Q F H A
Y H C Z B P M U A I S H A R
Y Z U C M A S K A R A I M A
W S H I T A E D K I G N Q N
O M L N N L H O A K N U C G
H D N E A A I Q H X O U M A
K U C G G E R P W W T F A H
A M P O G I I L S W A T R K
U I P T B A P Ā P T R Y A O
P I T O Z T U K T U I G K R
A X Y H B S P V R A S C A E
P M L P J A Ī Z Q I H E K R
A W A O N A H O R A F U T O
```

ĀTAHU
TAE
KORERO
ĀHUINA
TAIEA
KARANGA
AROHA NOA
LIPSTICK
WHAKAMAHI
MASKARA

WHAKAATA
HINU
PHOTOGENIC
KAKARA
KUTIKUTI
RATONGA
HĪPUPIRI
KIRI
MAHI
KAUPAPA

39 - Clothes

```
T D I B C A P A P U A K F T
U F F Z I T O K C H K O T E
W B L C L J R O A D C X V Y
X N L V S J O F D K L E P S
H N A M E C P U K C A N T W
K O R O K A O P A P O K C H
K Ā K Ā K Ā R P K I U S I A
N W U X B S O P A F G L L K
Ā W A R A H W U H O K C N A
X S H U X J Z I U N O T A M
L F N X S N R P T X U D P A
T I K A M A J A P A K I R H
V F U C E A T O P G P D O I
H B W C R J D L A L O R N C
```

APRON
TIKA
PATI
POROPORO
KAKAHU
WHAKAMAHI
KAUPAPA
POTAE
KOTI
JEANS

KAKAKI
PAJAMA
PAKI
KOPA
KĀKĀKĀ
KOTE
HU
KOROKA
TONU
KOHUWHARAWĀ

40 - Astronomy

```
D W T H W B R S U C F R Q A
R A B E A D I O R E T S A O
H T A K N W G M A M A E T R
W I G Ā A H N O P M T Q Ā A
R H N P N E A C A P N U K N
A W A I G N R V P S N I I G
N I H R A U A R U P E N R I
G H W I E A K J A M Z O I Y
I W I K K R I I K G O X R I
L R A Ō D O A P E O D X A K
X A T K N N V N T X I T N Z
K Ō M A R U R Ā G X A Y G G
Ā R A I T A N G A I C K I E
V R W J S S U P E R N O V A
```

ASTEROID	NEPURA
WHARERANGI	TAIWHANGA
TE KAUPAPA	AORANGI
COMOS	WHIWHITA
WHENUA	TĀKIRIRANGI
ĀRAITANGA	RANGI
EQUINOX	KŌMARU RĀ
IKARANGI	SUPERNOVA
KŌKIRI PĀKEH	WANANGA
MAMA	ZODIAC

41 - Health and Wellness #2

```
M A T E U R U T A A M W M E
I R P I I I R A N G A A V G
U O A V G H I A K O T O T Q
N O Z U N P K A U P A P A E
A Y R O A R E W Ā P E T A M
K Z O R R T O P W W P E U V
A I B E I O A B I H A K R L
H S K R A E G U Y A U A I Z
W F G O W T N E H K N I A R
G W Y K K A Ū Z O A A N W X
Q J S O Q I P V N O T G G V
I M A H I Z K J K R I A K M
I X S Y C U X O P A A D S M
H O P I R A T E C X G Y Y F
```

MATE PĀWERA	ORA
KIKOKIKO	HOPIRATE
HIAKO	WAIRANGI
TOTO	MATE URUTA
KORERO	MAHI
KAUPAPA	WAIRUA
WHAKANUI	TE KAINGA
MATE	WHAKAORA
PŪNGAO	HUATAU
IRANGA	PAUNATIA

42 - Time

```
Ā  B  A  M  U  A  A  T  A  Z  Ā  Y  Q  T
K  Y  O  M  V  A  D  X  E  R  I  R  U  E
U  V  H  U  A  T  U  A  R  E  A  C  D  K
A  W  I  O  T  R  R  C  G  H  N  M  M  A
N  J  A  A  A  T  A  W  A  O  E  A  M  U
E  L  T  L  O  I  A  M  K  U  I  R  E  T
I  Z  L  X  M  B  M  P  A  R  Y  A  N  A
O  X  M  G  G  O  T  U  R  T  Y  M  E  U
V  U  O  I  T  D  C  A  A  A  A  A  T  G
D  P  P  L  V  P  Y  T  K  Z  K  K  I  W
C  O  P  T  S  N  I  M  U  R  I  V  A  X
A  W  I  K  I  E  C  I  L  O  G  G  W  L
L  L  O  G  M  I  G  O  X  Z  T  Y  Z  M
K  Z  K  E  G  L  M  V  N  H  J  T  D  F
```

I MURI	HOUR
TAU	MENETI
I MUA	MARAMA
MARAMATAKA	ATA
RAU TAU	PO
KARAKA	NEI
RA	TAIHOA
TEKAU TAU	ĀIANEI
MOATA	WIKI
A MUA	ĀKUANEI

43 - Buildings

```
W H P X W T A I W H A N G A
N H O O V A P E R A K C G P
U M Ā P Q H K T E N T A F A
W N G R I C I A N E M I H P
E W X R A R U K R Q C Y P U
T H O Z B N A M M A B O G A
E A R Ā P L G T T G N K I K
M K L F H V G I E N W G G K
V A H O K O M A H A H R A Ā
B T K A R A T E C N A C G W
C A Q M H Ō T Ē R A R R Q A
F T Z J U B Z B K W E F V N
N A W E R U O P L Q Z C A A
A W H E A W H E N Z O I B S
```

KAUPAPA	WHĀRANGI
PĀRAE	WHARE
KAREPA	TAIWHANGA
HIMENA	KURA
KĀWANA	HOKOMAHA
WAKARANGA	TENTA
PĀMU	WHAKATATA
KARATE	POUREWA
HOPIRATE	WANANGA
HŌTĒRA	AWHEAWHE

44 - Philanthropy

```
K R N G S I P A R O H A X Y
A P W N J R Y U O E Z T N H
U C O H A O H A T C K I W S
P U R I O P C P O E Q K J P
A P E T N A A A A W A A M R
P G R L I H O P B S I W I G
A N O H R E J U A I H A I H
W L K S U E E A E K D V A E
V N A A S K K T I A R V M
D N G U R F M A Ū R K H C A
S R N W G Y G G P A U O W H
N G Ā R Ō P Ū N Ā M W T H I
N G A W H A I N G A G I A A
T T A N G A T A N T P Y G I
```

AROHA

TAMARIKI

HAPORI

WHAKAPAPA

KOHA

PUTEA

NGĀ PŪTEA

OHAOHA

HURINOA

NGA WHAINGA

NGĀ RŌPŪ

NGA KORERO

TIKA

TANGATA

MAHI

HIAHIA

IWI

NGA KAUPAPA

KAUPAPA

45 - Gardening

```
B V H Q N S K W W R B B B N
O E D N E Q H F X B R W M G
U P I G N A R G S Z I D W Ā
Q S K Y O J L C W A I H O K
U Z Ō E E O N E M U Z B W A
E F H K N M D M I C H O D N
T R K I O R A A A O L T B O
G C A M V A X K K M K A T Y
D M T P O U O U V P S N J V
E B A K U M T K A O D I R Q
H A G U E G O U Z S B C Y P
J R N Q F X U C J T G A W I
Z V A T R G K W F E R L A Q
H W T R Ā K A U W Ā H I I G
```

KOI	HŌKI
BOTANICAL	RAU
BOUQUET	MAKUKU
RANGI	RĀKAU WĀHI-
COMPOST	WAIHO
IPU	NGĀ KANO
ONE	ONEONE
KAI	MOMO
TANGATA	WAI
RAPU	

46 - Herbalism

```
Z T D Z D E J S K I F D J F
C S A W E Y K N A T I P U M
R E D N E V A L K V R O P A
C I E Z G T M B A K Ā H U R
Y E L S R A P I K C K D A J
N U H U H Ā T H A W D F P O
M S T D V N N A K U Ā L I R
P Ā T A T A O M A R X W M A
P X M Ā H A R A H A R A Ā M
Y K O R W D F K I I U G K F
S C G R H H F A S Q B N Ā P
Y E Q P N G A H T I H U P D
X G X J C L S W M M C O Ā R
I A R O M A T I K A Q K K Y
```

AROMATIKA	WHAKAMAHI
WĀWĀ	LAVENDER
TANGATA	MARJORAM
PĀTATA	PUHI
TĀHUHU	PARSLEY
PUA	TIPU
KĀRI	KOUNGA
KĀPĀKĀ	MĀHARAHARA
KAKAKAKA	SAFFRON

47 - Vehicles

```
Q  I  E  S  P  M  Ī  H  I  N  I  T  D  X
W  G  S  V  E  A  O  N  H  C  O  E  T  U
J  N  H  P  D  R  I  W  A  H  R  R  A  L
G  A  F  A  F  Z  K  H  P  V  A  E  R  Y
T  R  B  N  I  A  V  F  I  M  O  I  A  T
Y  E  R  A  H  W  E  D  J  K  R  N  K  V
G  R  K  H  H  E  P  A  P  A  A  A  A  W
W  E  F  I  N  I  R  W  H  L  A  R  A  P
I  R  I  K  H  B  S  A  D  T  K  J  A  Ū
U  A  I  A  I  A  I  A  K  R  A  D  J  K
X  K  D  R  W  A  K  A  O  O  W  N  V  A
R  A  M  A  K  A  U  P  A  P  A  N  J  H
Z  W  Z  T  N  G  Ā  T  A  R  E  O  H  A
T  Ā  K  I  R  I  R  A  N  G  I  L  N  F
```

WAKARERERANGI	RAKO
WAKA AROARO	TĀKIRIRANGI
PAIHIKARA	KAUPAPA
PAHI	WHARE
WAKA	TEKI
KAIAIA	NGĀ TARE
PŪKAHA	TARAKIHANA
HEPAPA	TEREINA
MĪHINI	TARAKA

48 - Health and Wellness #1

```
O A V Z N O N O H J W P W A
M E K I I O R H I P H U H T
E Z T L R Q E L A M A T A T
R O N G O Ā W P K A K A R A
A A W H E U A J A I A N E I
H T S B H E E I I W A G H A
W U Ō M W K T H M N R A A K
B K A P G C M A H I O F U I
S Ā N K Ū I G M M A Z N M R
J T Y H I E D A N D R W A I
X A G N A T A K A H W J N K
S F D D J I A A Q X P E U B
C P X P R E R H Y V U H R O
V E K E U T Y W B K B B Z M
```

HUAKITA	MATE
WHEUA	RONGOĀ
WHARE HAUMANU	MAHI
TĀKUTA	TŌPŪ
WHARE	WHAKAARO
PUTANGA	WHAKATANGA
TEITEI	KIRI
TAIAKI	WHAKAMAHI
HIAKAI	WHEORI

49 - Antarctica

```
N V N W M P G B N A Y L X H
Y K P D H V Ā O I U R N I E
M A E Y Y E P M K N J A T K
I I K B Q R N V A E P L A E
N P A U P A K U T H A U I N
E Ā K N K B D T A W A S A G
R N A A N T P A K A G N O A
A U P M P G R K A P N I A W
L I Ō D U X A Q H A U N S M
S A K O T N S M W P H E H Q
L E Z R A A W G O O E P C T
L O N T I T D F F T T D X I
I H A M A K A H W A U K L O
L L E E O S V H D B A X F A
```

PEKA	NGA MOTU
MANU	HEKENGA
KAPUA	MINERALS
WHAKATAKI	PENINSULA
WHENUA	KAIPĀNUI
TAIAO	TOKA
TE HUNGA	PUTAIAO
PAPAWHENUA	PĀMAHANA
KŌPAKA	WHAKAMAHI
TIO	WAI

50 - Ballet

```
N G P B T G O T I T I A K N
Z I A U H Ā K S V Z O C Y G
P D K Y V O V I H A M I P Ā
H V E N G Ā D A N C E R S M
J L K V N V A G T Ā H E I I
S P E B A R O N U A M Q K N
W S Z U P Y P Ā L K M J A E
I H A M A K A H W O Y E P N
D N A L P T X W I R G Q I G
G G G K U T G Ū W A H U K A
Y W B G A L Z P D N B E A K
D O N R K A Z Ō N G D C P P
V F E T R W R R P A E K D H
R Y F B D B N O R O U P C L
```

PAKIPAKI
TOI
NGĀ MINENGA
KAITITO
NGĀ DANCERS
WHAKAMAHI
KAUPAPA
AKORANGA

MAHI
PUORO
RŌPŪ WHĀNGAI
WHAKAARO
TĀHEI
PAKEKE
KĀHUA

51 - Fashion

```
T  N  S  S  R  Y  Y  Q  O  M  V  P  A  N
W  A  G  T  A  H  U  A  R  H  Y  A  H  I
G  H  I  Ā  A  R  O  T  A  H  I  M  L  X
R  C  A  E  P  G  B  R  Z  A  Y  L  Q  K
A  U  R  K  A  Ā  T  U  A  T  A  H  I  A
H  V  I  H  A  M  T  K  A  H  U  Ō  H  U
I  S  U  A  N  M  R  E  A  L  H  C  L  P
U  H  A  K  A  K  A  R  N  C  Ā  H  Z  A
W  W  T  H  D  S  Z  H  D  E  K  V  U  P
W  H  A  K  A  A  R  O  I  U  N  N  Q  A
T  U  I  T  U  I  N  G  A  B  W  D  U  K
Y  Z  K  K  G  O  Q  D  X  X  Q  Y  K  X
O  G  L  T  R  O  I  T  E  N  G  K  F  L
I  O  G  W  K  I  D  B  M  Y  R  M  Z  A
```

TAHUA	HŌU
AROTAHI	WHAKAARO
NGĀ PĀTENE	TUATAHI
KAHU	TAUIRA
TAIEA	WHAKAMAHI
TUITUINGA	MAHI
NUI	KĀHUA
KAUPAPA	KAKAHU
RAHI	IA

52 - Human Body

```
N T E A U A K L C Z E R T W
P K A H A W G S Q U C A M H
A I W R K I R I N N S X Y A
C A Z R I W I H I K A P R T
N T U R I N E T N V A J O Ī
R A H E H W G Z O G T P R A
A M I K A K X A K H A D O N
Z T Q A M C E M L P N K F G
R H B N A D J J S T A X A A
W I X A F K D H E Q O O H U
A C M P T V P P N G U T U C
D D D A Q F A A M T A O A T
U S U G I I D D R Q G T E C
U P O K O H Q I W W H E U A
```

PANAKE	UPOKO
TOTO	NGAKAU
WHEUA	TURI
RORO	WAE
KAUAE	NGUTU
TARINGA	WAHA
WHATĪANGA	KAKI
MATA	IHU
MAHI	PAKIHIWI
RIMA	KIRI

53 - Musical Instruments

```
K O N G V U M Z H T P W U L
P M J P L T I V A A Ū C W T
I Ū R N J U G X R M W M A H
W D N U A T Ū P M B H P I G
K R Y G R B M W O O Ā F R Z
E O B O A T I K N U N T A X
S Q U L L O J E I R U N N E
A B E R E T Ē T K I I I G D
M N G N A L J H A N N L I G
S A X O P H O N E E U O M R
O W H A K A P A P A I D B X
H A P A P T R O M B O N E P
O Z B A S S O O N P I A N O
F U G C K U C Y S M F M G Z
```

BANJO	MANDOLIN
BASSOON	OBOE
PŪTAU	WHAKAPAPA
PŪWHĀNUINUI	PIANO
PŪNGAO	SAXOPHONE
KOURA	TAMBOURINE
KONG	TROMBONE
KITA	TĒTERE
HARMONIKA	WAIRANGI
HAPA	

54 - Fruit

```
Ī  K  Ī  P  M  H  F  P  V  Z  I  C  F  U
E  O  I  T  L  W  I  M  I  T  I  T  Ī  P
I  Q  B  W  E  A  V  A  U  K  F  E  X  F
V  X  Y  V  I  P  C  N  P  U  I  Z  J  K
M  E  R  E  N  G  I  G  A  N  A  M  E  R
R  M  R  B  F  P  K  O  R  K  N  I  N  A
A  A  E  P  Y  E  M  A  A  J  A  X  E  V
S  Y  B  A  Q  J  T  N  R  X  N  R  K  O
P  K  H  P  Ā  P  O  R  O  E  A  K  T  C
B  E  Z  A  R  F  C  T  I  Y  P  C  A  A
E  Q  E  I  E  C  I  V  Y  F  X  E  R  D
R  E  G  A  T  S  R  P  A  I  N  A  I  O
I  I  T  D  Y  V  P  H  Q  B  E  B  N  C
U  Q  J  E  M  E  A  Z  Q  J  R  O  A  A
```

ĀPORO	KIWI
APRICOT	REMANA
AVOCADO	MANGO
PANANA	MERENGI
BERRY	NEKTARINA
PĪKĪ	PAPAIA
TIO	PĪTITI
PIKI	PARA
KAREPE	PAINA
KUAVA	RASPBERI

55 - Engineering

```
I  N  E  N  G  A  T  T  K  L  X  O  P  R
H  O  H  O  N  U  A  D  U  W  Y  S  Ū  A
Q  M  A  Y  O  H  T  D  I  A  Y  V  N  N
Q  Ī  O  J  I  A  A  Y  A  E  K  X  G  G
T  H  S  B  S  G  U  Q  W  B  S  A  A  I
S  I  K  W  L  N  R  R  B  U  O  E  O  W
I  N  A  G  U  T  A  H  A  K  Ū  P  L  H
K  I  H  Y  P  P  N  I  W  V  R  U  P  I
O  C  A  M  O  A  G  N  A  H  W  I  A  T
K  E  G  Y  R  D  A  K  Y  V  C  S  S  I
I  F  N  J  P  T  O  H  A  I  N  A  W  V
T  F  A  T  E  W  H  A  K  A  N  U  I  O
S  V  H  Q  I  H  A  N  G  A  N  G  A  Y
H  O  A  H  O  A  V  X  K  N  C  T  F  O
```

KOKI	PŪKAHA
TUAKA	NGA HUA
TATAURANGA	WAI
HANGANGA	INENGA
HOHONU	TAIWHANGA
HOAHOA	MĪHINI
RANGIWHITI	PROPULSION
DIESEL	TE WHAKANUI
TOHAINA	KAHA
PŪNGAO	HANGA

56 - Kitchen

```
A D I T E P F H Z M G T F Y
P R T H R H P F A F O R K S
R P A I A K A I T U D P C T
O A P E T T G J F I T Z A I
N I U O A U Ā O H P Y A F K
N K Z Z P E T K E U H A I A
T A M L D I Ā O Ā A W L Q N
X R N N O N T V R Ū X Q A G
F A I I P Z Ā H K U T A P A
D K K V H U M U A O B Ā A J
B A G Z B I V W I S V Y P X
R G G W H A K A M A H I U F
Z N O H H Q H D F R X B A C
M H K N K O N O G I M S K Q
```

APRON	PATA
OKO	NANIHI
KAUPAPA	TAPU
KAI	UMU
FORKS	TIKANGA
WHAKAMAHI	PĀTŪĀKĀTAHI
MĀTĀTĀ	NGA KARAKIA
IPU	HAUTAI
TIAKA	KONO

57 - Government

```
T F Ō T W H A K A W A W T T
O R R Y I O Q T Z Ā T H A O
H E I Q I K Q A A I A A N H
U I T M M W A K F H R K G U
O R E R O K I I Ā U A A A T
T Ā N R G A O W H T K M T A
J M G F I N Y A E J O A A N
M I A A R A T A K I M H H G
Z G Z F Z W G C Ā U E I O A
R N L L Z Ā N K P V D O B T
S A G N I K A P A T A M T A
L R T E W H A K A A R O U N
C S W W P N T S H S H C R E
F R A Q K D W A I A T A E Z
```

TOHU TANGATA	TURE
Ā-IHU	ARATAKI
TE WHAKAARO	WAIATA
DEMOKARATA	WHAKAMAHI
MATAPAKINGA	IWI
TAKIWA	RANGIMĀRIE
ŌRITENGA	PĀKEHĀ
TANGATA	KORERO
WHAKAWA	KĀWANA
TIKA	TOHU

58 - Art Supplies

```
E W T O A P A P U A K K U K
V A Ū R A R E M Ā K D A C G
T I R A I B H P G J U I V M
V T U A P J I W A T P W W Z
Q U J K Ā A A F I Y A A Z R
C H B A K O R A W C T I I J
A I I H A M A K A H W E T Q
E H P W W J P G N V F S T D
C I N E A P Ā I Z J Q U H U
V M L V N O G A E M Z P F J
L T X Z W E N I W S E M Y D
W H A K A N G Ā W A R I C Y
A K A I X R X H S W A I U Q
O J X C K K I R I A K U O A
```

KIRIAKU	KĀPIA
NGĀ PARAIHE	WHAKAARO
KĀMERA	WAITUHI
TŪRU	MIHI
WARO	PEPA
UKU	PENE
TE WHAKAMAHI	TAPU
WHAKANGĀWARI	WAI
KAUPAPA	KAI WAI

59 - Science Fiction

```
T  K  S  H  A  O  R  A  N  G  I  V  K  A
B  Q  C  A  G  N  A  H  O  R  O  P  O  O
S  Q  A  N  I  H  W  Ā  Ā  G  N  B  R  O
X  W  R  G  I  K  A  R  A  N  G  I  E  R
B  O  R  A  G  N  I  H  A  M  C  L  R  A
F  R  F  R  F  V  P  H  W  A  G  Y  O  C
P  A  A  A  J  V  O  I  U  T  Z  I  A  L
U  W  N  U  Q  C  T  M  H  O  T  H  O  E
K  E  P  T  C  A  S  E  K  G  G  A  N  I
A  H  V  X  A  I  Y  N  N  N  A  W  I  N
P  O  P  B  I  S  D  A  G  Z  Y  A  T  A
U  P  E  F  G  N  T  G  O  F  G  T  F  J
K  C  K  W  Y  H  Y  I  R  X  U  A  L  F
A  P  Ā  W  H  A  R  A  C  P  S  T  B  A
```

NGOTA	POROHANGA
PUKAPUKA	POHEWA
HIMENA	MAHI NGARO
TATAWA	ORACLE
DYSTOPIA	AORANGI
PĀWHARA	TINO
KORERO	NGĀ ĀWHINA
FANTASTIC	HANGARAU
AHI	WTTAIA
IKARANGI	AO

60 - Geometry

```
K  A  W  E  T  I  R  Ā  H  W  Y  G  R  W
S  H  E  A  M  H  Y  K  W  Z  F  Y  F  Ā
T  U  H  P  X  A  R  R  H  F  J  B  R  H
E  T  E  P  Q  T  T  E  A  Ā  Ā  I  R  A
I  I  K  O  W  A  E  A  K  N  D  T  T  N
T  T  O  R  A  K  M  P  A  A  P  I  Y  G
E  I  K  O  E  A  M  A  R  U  U  H  C  A
I  R  I  H  N  H  Y  K  A  R  C  W  D  K
O  O  J  I  G  W  S  A  R  G  D  I  E  K
D  D  U  T  A  C  Z  Ā  H  A  F  I  G  I  N
C  W  E  A  L  V  N  W  W  H  Ā  N  U  I
T  A  T  A  U  R  A  N  G  A  N  A  D  H
A  R  O  R  A  U  L  J  L  A  U  R  D  V
L  Y  D  Q  W  L  E  H  B  K  I  K  H  O
```

KOKI	WHĀNUI
TATAURANGA	WAENGA
POROHITA	NUI
ĀNAU	WHAKARARA
RANGIWHITI	WHAKATAHI
AHU	WĀHANGA
WHĀRITE	MATA
TEITEI	SYMMETRY
WHAKAPAE	ARIĀ
ARORAU	TITIRO

61 - Airplanes

```
N G A K O R E R O K J Z G V
K H J Q V V A V X A P K I J
P A G N U H A H B U Ū N G A
Ā H I G N Ā V G J W Q H W G
H A E H Y B Q O F H Q A A N
I K T Y A P A P U A K N I A
H Ū I W S U O J A U X G W T
I P E W K L T T H Y R A A E
P K T D L M Ā Ū I L I N I K
H O A H O A T J O H A G J E
R A N G I L Ā M P G A A J H
I A O Y O N M G A N H W T S
B N Y N G A K A U P A P A N
T E K O R E R O Y T K I C C
```

MĀTĀTOA	WAHI
ĀNGI	TEITEI
KAUWHAU	NGA KORERO
POIHAU	WAIWAI
HANGANGA	ŪNGA
KAUPAPA	PĀHIHI
HEKETANGA	KAIHAUTŪ
HOAHOA	NGA KAUPAPA
AHUNGA	RANGI
PŪKAHA	TE KORERO

62 - Ocean

```
U P P K S L C I N H A K A W
H Z U A K Ā R A K O T H C I
I C S I P H U N I E I O I N
K F A F I A T U A H W T Y M
I B Y M F D K T T W P Q I A
N Z X V X O P A A J J S L N
G T O H O R Ā N G A K O O O
A H M I Q I K A N C F R B O
R J Y G Z X R F Y K C E B F
U K D J X S N N O G N C Z A
H O N U I W H E K E T O T E
Z B F J A A X H W X F K J L
R P F B I E W I G Z Q J N T
V N B Y M N T A O H D F C V
```

WAKA	MANO
WHEO	HIKI
PAPAKA	HAUTAI
AIHE	AHI
IKA	NGA TAI
NGAKO	TUNA
WHEKE	HONU
TIO	NGARU
TOKARĀKAU	TOHORĀ
TOTE	

63 - Birds

```
B O S O A H H V I I D C P F
P I K A K E E I Q J Q U F L
D P F K Q F B I F W P C I A
K U K U P A U H H S J K E M
T A K A A T E I K E I O N I
O T G R J R D U N Ā I O O N
U A R A K E P K C W K T S G
K M Z B A N O R E H J Ā T O
A Y A O U K O R E R O V R F
N J B R A P Ā H A K Ā V I L
A E A H E B F G W A N I C C
A W P F D R M D T V E J H P
T S I E I C Ā T W K C A P P
T I Q U D Z E P E N G U I N
```

MATAU	HERONA
HEIHEI	OSTRICH
KAUA	KĀKĀ
CUCKOO	PIKAKE
KUKUPA	PĀHAKĀ
PĀRERA	PENGUIN
EKARA	KORERO
HUA	TAAKA
FLAMINGO	WANI
KUIHI	TOUKANA

64 - Nutrition

```
Q H B F Z X E J H K A I V K
W U P M I N G O P I G G Q A
H A A P W U N O F G A D M W
A T U R O H Q V B O R K I A
K A N W Y U A G N U O K O I
A U A L C H U W Q B L K D A
N B T U V Ā M I H A R A N J
U A I V F T Ū G P A M B Z R
I D A H A N P N S A I G B U
F E R M E N T A T I O N N Z
K A U P A P A R A T T I P O
A V H A U O R A P D X X D V
N G A W A I G K R O L O N A
N G A K A R A K I A V T N R
```

HIAKO	ORA
WHAWHAI	NGA WAI
KAWAI	PŪMUA
KARANGI	KOUNGA
KAUPAPA	RAHI
WHAKANUI	NGA KARAKIA
KAI	TOXIN
FERMENTATION	HUATAU
TĀHUHU	PAUNATIA
HAUORA	

65 - Hiking

```
W D U T T I G K S Q W A I H
H H V E Z L V I V I U I K G
A Ō U U W I O A I D U U G U
K P P M E G G S J N S F L T
A U T A H O K O H O M M D Ū
T A G N E T I R A K A H W P
A R H F R S K P I I H Ō H Ā
H X I E A H A A N N A O R G
I G N A R X P K J G M T G N
P K X B A D Ō A G N U A M L
A A Q Q K J K R Z A A I Q Y
M L R Y B P H Y X F T R J S
H U G I H A R A I A K O R A
S B B A V S Z P A D F V P H
```

KARAREHE
NGĀ PŪTU
HŌPUA
PARI
RANGI
KAIARAHI
TAUMAHA
MAPI
NAMU
MAUNGA

TAIAO
WHAKATAHI
PAKA
WHAKARITENGA
KOHATU
KŌPAKI
RA
HŌHĀ
WAI
MOHO

66 - Professions #1

```
H K A U P A P A A H I P I C
F U T A I T A I A T A P Q V
A U R Z O O W A I A T A Z P
T M A I T J E H A O X S X V
I T A R H V L N W J T Y K E
T P R H Q U D B A K W I Y P
E T O D A U R A H A H Q O D
O Z I J A D D I W I A V B T
B H A V D F A Ō Ū S K T H K
B P X N A H I R P A A Ā L Q
K A I P A R A V A I M K W P
K A U P A P A B Q L A U F M
P I A N I T I K F O H T X C
A H U A N U K T A R I A T Y
```

AMAHADARA	AHU-A-NUKT
TOI TOI	WHAKAMAHI
KAIPARA	RŌIA
ROIA	WAIATA
KAUPAPA	NAHI
HURIHURI	PIANITI
TĀKUTA	PŪWHA WAI
ETITA	KAI SAILOR
KAUPAPA AHI	TAITAIATA

67 - Barbecues

```
Z A S R C S K P O Y I W T G
W R U A A A I A K A I H S N
Z U B H T L E R I U H Ā Z A
Q L J I I A H E T H A N I N
F O R K S D I W A M R A Z I
R N T N T I E F M Ā Q U R H
A G H A A E H R U T G B T I
F Ā P E M L R B A Ā S M J W
H K Z H N O G X R T Y V X H
Y Ē C O M R T T Q Ā J G J Ā
Q M I A X O N I R U T G W N
O U Z G P U M N M V T O X U
E R Q V S P Y A X R P Z T U
M Y F O R T A M A R I K I E
```

HEIHEI	WERA
TAMARIKI	HIAKAI
TINA	NANIHI
WHĀNAU	PUORO
KAI	SALADI
FORKS	TOTE
E HOA	RAHI
HUA	RAUMATI
NGĀ KĒMU	TOMATO
MĀTĀTĀ	WHĀNUU

68 - Chocolate

```
Q T H U K A T N E Z T C M P
M J R X L A N A S I T R A E
G Y T Y C I C I N A W P K A
K W C L R S D G H G K E A N
Q J V A G O C N Y K A S U U
Ā R A I Ā R A I Ā A T T N T
N Z K D Q B Z V E W Ā W A S
Ō A O D Y S E Z T A H B T B
H O U H U H Ā T T I E K I Z
B M N W Q B M R Q I I A K W
K S G F U S Z A A V O K A Q
X L A P A U R A H O B A N V
W H A K A M A H I I F O G G
M O M X K A R A N G I C A L
```

ĀRAI ĀRAI Ā   TĀHUHU
ARTISANAL   WHAKAMAHI
KAWAI   PEANUTS
KAKAO   PAURA
KARANGI   KOUNGA
TIO   TIKANGA
HŌNĀ   HUKA
TANGATA   MAHI
MAKAU   TĀHEI

69 - Vegetables

```
K Ū A R T I C H O K E G J R
P Ā N S M T O T B H V P K A
I K R G S I K R Y J V E A D
I Ā U E A A L W I Q B A N I
N P P R R H A P A N E T E S
I Ā A O T A X H W C I O K H
K K R R S A L A D K L M E K
A Ā S A P P W Q J O D A S I
Q X L H A A J C Q R H T B J
O S E N F U V F W O D O V P
V T Y V A K A M U K U G P R
T Ī H O I E Z I V O V N G L
E L O F A N R T O L L A H S
T A R O I A N Z Y I G Y F B
```

ARTICHOKE
KOROKOLI
TARO
KĀRERA
HAITI
KUMAKA
ŪNGA
KĀPĀKĀ
KANEKE
HARORE

ORINI
PARSLEY
PEA
PAUKENA
RADISH
SALAD
SHALLOT
PIINIKA
TOMATO
TĪHOI

70 - Boats

```
P  M  Y  N  J  O  W  P  U  N  G  A  W  A
Ā  J  W  A  K  A  E  E  X  M  Y  H  L  R
T  A  E  N  K  A  U  P  A  P  A  A  R  I
Ō  Z  Q  A  Z  L  A  C  J  L  U  K  Q  T
T  I  R  O  A  X  C  K  A  B  W  Ū  E  E
Ō  B  F  M  R  G  X  Ō  G  S  I  P  E  P
N  P  A  E  O  X  N  R  T  A  U  R  A  P
K  A  W  L  I  A  T  A  E  R  A  H  W  F
U  U  U  V  A  C  S  D  R  W  A  X  Ī  P
G  W  W  T  W  W  W  I  K  I  O  K  T  I
O  P  Q  Y  I  D  B  E  G  R  T  C  O  I
R  F  G  G  H  C  N  G  C  Z  O  O  T  R
H  P  N  D  L  J  A  Y  X  D  R  X  P  I
D  P  U  X  V  R  O  L  I  A  S  I  A  K
```

PUNGA	NAUTICAL
PĀTŌTŌ	MOANA
WAKA	RAKO
KAUPAPA	AWA
PŪKAHA	TAURA
WHARE	POTI RANGA
KŌRA	KAI SAILOR
ROTO	TAI
WAIORA	TĪWAE
TIRA	

71 - Activities and Leisure

```
B K Y B Q L W K M U Q W M I
G O R N Q M P W Y J R H Ā Y
S R V W M J X O U P F A R T
U O P Ō R O R O L I N K E T
U W I H U T I A W Z V A H Ē
J H A A U P Ō H Z X C R E N
T Ā V E K E M E K E M E A E
O A C R H O K O X O B H N H
I U O E Q V H H G W U E A I
R U K U H O K Ū T I O P K K
W Z A W H A K A M A H I I I
P O I W H A N A J S X Z Ī H
P Ō R O W A K A U K A U H U
W W K B V Q J U U V E Z G A
```

TOI
PŌRORO
POITŪKOHU
MEKEMEKE
HŌPUA
RUKU
HĪ IKA
WHAKAMAHI
KOROWHA
HIKI

WAITUHI
MĀREHE ANA
HOKO
POIWHANA
WHAKAREHE
KAUKAU
TĒNEHI
HAERE
PŌROWA

72 - Driving

```
T S V A K T E K A U P A P A
K E P W Ū K O V J K B W V X
A P R Q K A I C H Y A C U K
R I U E Ā I A A A H A W M C
A R D X D T B N U D P E R E
T I S F Q U H C M R E R F W
E H P N V Ā I H A K I T O M
P I X I E N T B R M A P I B
W M M L H V I E U O L U K E
E A J I G H R E R R Z G I P
I N I H Ī M I I O O Y L H D
O A K A R A T H H M R P T O
M S B O V E A A N A H I A R
A J D I Z A T W A P L Q N G
```

AITUĀ	MĪHINI
PERE	MOTIKA
WAKA	HIKI
TE KAUPAPA	PIRIHIMANA
WAHI	TE RORI
KARATE	HAUMARU
KŪKĀ	TERE
RAIHANA	TIRITI
MAPI	TARAKA

73 - Professions #2

```
K F K K J K Z H M H R A T A
A F K A G N A T I U N A P C
I U A U I K G I V B E K I P
H G I H T M N R P W Z E K D
A K W A Z E A Y P Ā A A A K
U A H A I D R H Q N M N I N
T I A K O R O E I H F U T P
Ū P K A Z N X Q O U P D I T
X Ā A H R O N G O Ā N I H O
F N P W P U K A P U K A A K
Z U U I J C T A U H A U M A
U I T A P A P U A K P H I I
Q Y A K P I L O S O P A A A
K A I T I R O T I R O P K K
```

KAIMAHI
RONGOĀ NIHO
KAIPĀMU
KAIMAHI TIAKI
KAUPAPA
KAITIROTIRO
PUKAPUKA
TE REO
PANUITANGA

PILOSOPA
KAIWHAKAAHUA
RATA
KAIHAUTŪ
ORANGA
KAIWHAKAPUTA
KAIPĀNUI
TAUHAU
KAIAKO

74 - Emotions

```
F  O  L  P  C  V  K  Y  E  U  Q  G  Ā  E
R  I  R  I  Ō  U  K  V  M  Z  P  E  W  H
A  L  K  R  Y  H  J  J  D  W  U  U  H  J
N  D  I  U  A  B  Ē  W  M  X  L  J  I  K
G  I  F  O  S  N  D  H  N  N  A  D  N  I
E  R  L  P  E  V  G  A  Ē  W  O  G  A  H
K  A  U  P  A  P  A  I  Ā  T  Y  Y  O  A
E  W  C  V  T  T  H  H  M  K  A  V  R  M
M  Ā  N  Q  A  G  O  E  A  Ā  K  N  A  A
U  G  I  D  G  I  R  W  K  K  R  T  G  K
T  N  J  O  N  D  A  S  A  Ā  E  I  N  A
D  P  V  F  A  J  J  J  H  K  R  L  E  H
F  G  O  X  T  M  A  V  W  Ō  S  L  T  W
N  G  A  H  A  U  N  F  T  P  J  H  F  Y
```

RIRI	RANGIMĀRIE
PŌKĀKĀ	TANGATA
PŌHĒHĒTANGA	ĀWHINA
ĀIO	POURI
KAUPAPA	TE NGARO
WHAKAMĀ	TUMEKE
WEHI	NGĀWARI
WHAKAMAHI	NGAHAU
AROHA	

75 - Mythology

```
H  E  R  I  G  N  A  R  V  K  Z  A  W  R
N  F  L  J  H  L  O  N  P  K  I  I  H  Y
W  H  A  I  T  I  T  I  R  I  O  T  A  A
H  F  H  R  N  W  K  F  D  O  N  U  W  Y
O  L  A  Z  I  S  F  H  A  Z  O  Ā  H  Z
K  H  K  U  R  U  H  A  G  N  P  E  A  S
U  T  U  I  Y  L  I  O  B  K  Ū  T  I  P
Q  O  S  U  B  T  A  N  G  A  T  A  G  R
U  I  H  P  A  U  C  J  H  G  Ā  M  Y  R
T  V  T  G  L  K  B  Q  A  N  G  E  T  F
K  A  U  P  A  P  A  N  A  A  N  T  H  V
R  A  M  M  K  S  U  G  F  K  W  A  Z  G
T  E  H  A  N  G  A  M  N  I  U  M  N  G
A  R  C  H  E  T  Y  P  E  T  A  M  K  D
```

ARCHETYPE	MATE MATE
WHAWHAI	NGAKAU
NGĀ TŪPONO	LABYRINTH
TE HANGA	UIRA
KAUPAPA	TANGATA
TIKANGA	MATE
AITUĀ	UTU
RANGI	KAHA
HERI	WHAITITIRI
NGAHURU	TOA

76 - Hair Types

```
R  M  H  S  G  Q  W  H  D  P  D  K  Y  Z
F  O  Ā  O  O  Y  L  I  H  A  W  A  P  X
Z  G  A  T  V  G  C  E  N  E  P  K  A  X
L  N  S  O  O  R  E  R  O  K  O  A  K  R
K  A  M  P  R  T  S  E  B  O  R  H  I  O
N  P  V  M  Ā  E  O  K  D  R  A  O  R  E
P  A  R  A  U  R  I  R  Z  A  A  M  A  D
O  W  F  M  O  L  G  D  U  M  U  I  L  X
A  I  M  S  Z  E  N  S  T  R  V  R  D  Q
W  R  P  B  D  W  A  F  A  P  F  I  R  S
X  I  V  J  I  E  I  H  E  P  G  H  B  G
E  H  O  G  N  F  G  I  A  H  E  W  Y  I
V  L  O  H  N  Z  N  K  D  A  F  V  K  O
H  Q  A  P  F  Q  A  I  V  A  T  C  X  Q
```

PAKIRA	ORA
PANGO	ROA
KAKAHO	HIKI
WHIRI	POTO
BRAIDS	HIRIWA
PARAURI	NGOHE
TAEA	MĀTOTORU
KORERO	ANGIANGI
MAROKE	WAHI
KEREI	MĀ

77 - Garden

```
H P R K L H Z Z U K U P Y Y
U U Ā E T E N I L O P M A T
E I K U Y H Z E Q E U H M N
A P A I A T L K R Q A K Z G
B X U D V P S A C R H J W A
R A W A R W J R M O A N P T
Y Y Ā C Y Ā K G X K M J P A
Q T H G P U K Y L A A M U R
Y K I K Ō H C A D R K H A U
N S Ā G J M G R U A A Ā N H
J P B R X K H E D T H R I B
Z D D O I H U P N E W O A T
E Y J I T E R R A C E T W H
P Ā T Ī T Ī I A P D C O C E
```

PUKU
PUHI
TAIAPA
PUA
KARATE
KĀRI
PĀTĪTĪ
HAMMOCK
HŌKI
RAWA

RĀKAU WĀHI-
HĀROTO
WHAKAMAHAU
RAKE
KOE
TERRACE
TAMPOLINE
RĀKAU
WAINA
NGA TARU

78 - Diplomacy

```
T N G A T A N G A T A N W W
P A K A I T O H U T O H U E
J H U B M T A W A H I P G W
H C Z M X W V I R X C X B H
E F S F I S R H W Q Q Q A A
Q I K Z L R H A P O R I X K
C O Y R C U A M T B U Q B A
P I A G N I K A P A T A M M
A V V G U R Ā K Z K G I A A
P O A I Y Z O A R I K N L H
Ā T T M C E G H Q T D E A I
K Ā W A N A N W W Q K X S T
P Ā K E H Ā O E R A G N B P
P B C I Y C R T S I S K K Q
```

KAITOHUTOHU

NGA TANGATA

CIVIC

HAPORI

PAPĀ

MATAPAKINGA

KĀWANA

WHAKAMAHI

TAWAHI

TANGATA

TIKA

NGA REO

PĀKEHĀ

TAUMIRA

TE WHAKAMAHI

RONGOĀ

79 - Countries #1

```
P K A L E U H E N E V I J W
A A I Y R O K G I T V H T H
N N I R Ā K I G K J I A T I
I A D Z W O Y C A H E R I N
A T K R S R N I R J T A A A
M A L Ī N O O T Ā L A I M R
A N A P C M R Ā H U N R A A
N R A I H M W R U P A A N N
A Q J A N S A I A Ō M P A A
P A R Ī H I Y A P R R I D B
Z Z B E I E E X Z A N H S O
S E N E G A L M J N U Ī I M
L E O K M M O A O A D Y M H
E R Ā W H I A J P R M B B Y
```

PARĪHI	MOROKO
KANATA	NIKARĀHUA
ĪHIPA	NORWAY
WHINARANA	PANAMA
TIAMANA	PŌRANA
IRĀKI	ROMEINIA
IHARAIRA	SENEGAL
ITĀRIA	PANIA
RĀWHIA	VENEHUELA
RĪPIA	VIETANAM

80 - Adjectives #1

```
P E K A T T T K A U P A P A
X A O Q I A T A G N A T S A
Y B K Z K T O S U Ō H V J T
S X Y O A A D E A M T K B A
K R I N R U G N N A A K E A
L H J O E E M U G H K H W H
T M Z P W F J E I J I G A U
Ō R I T E T O I A Z T S P A
A W H I N A J U N O A P S H
P J P J Y M N N G Q M Ū K T
Y O J J F X L I I S O T K K
Y B U Q A M K I J W R E F H
E T R R Q E E U K G A A T T
P J Q N I H A M A K A H W P
```

TATAU	AWHINA
WHAKAMAHI	PONO
AROMATIKA	NUI
TOI	ŌRITE
ATAAHUA	HŌU
POURI	TIKA
TANGATA	PAKORE
KAUPAPA	ANGIANGI
TAUMAHA	PŪTEA

81 - Rainforest

```
Y  Q  F  W  W  P  R  K  R  S  U  L  S  O
E  R  E  H  A  G  N  S  A  Z  R  U  N  R
I  I  R  Ā  B  B  O  V  D  P  V  D  A  A
C  F  T  N  U  H  O  K  Ū  P  U  G  I  E
X  K  V  G  N  A  M  T  Z  I  N  A  B  T
I  B  G  I  A  H  O  C  A  U  P  S  I  Ū
F  G  Y  A  M  Y  M  L  R  N  H  W  H  P
T  A  N  G  A  T  A  A  A  A  I  B  P  R
T  A  I  A  O  B  V  P  R  K  R  C  M  S
I  J  B  G  R  U  V  A  Ā  A  O  G  A  J
Y  X  W  Y  K  M  A  P  G  H  P  G  A  L
Z  L  E  U  C  K  A  U  N  W  A  W  O  G
A  F  U  I  K  A  P  A  K  A  H  W  C  B
R  O  N  G  O  Ā  H  K  D  F  R  K  S  J
```

AAMPHIBIANS	WHĀNGIA
MANU	PŪKOHU
BOTANICAL	TAIAO
RANGI	WHAKAPAKI
KAPUA	RONGOĀ
HAPORI	WHAKANUI
KAUPAPA	MOMO
TANGATA	ORA
NGĀRARA	PŪTEA
NGAHERE	

82 - Technology

```
W I W H E O R I K U S Z D E
S H T A U A N G A A S E Z Z
B A A O P E H U G H R O E D
F M W K P X B T N A Q E Q Y
I A A I A K U P U G V I R D
P K N H U A O T A N B T P E
U A A O F X T N R A M A T A
R H M R D F R U A R E M Ā K
A W Ū O Q O K F R Q P A G X
N E P R B M B A J W J M M O
G T F K O L M O M O T U H I
I O D X C L O O M A R I K O
H F B V D V U G T A D O W A
S F D G R T E K A U P A P A
```

BLOG
TE KAUPAPA
KĀMERA
ROROHIKO
PEHU
RARAUNGA
MAMATI
WHAKAATU
KUPU
MOMOTUHI

IPURANGI
KARERE
RANGAHAU
MATA
TE WHAKAMAHI
PŪMANAWA
TAUANGA
MARIKO
WHEORI

83 - Landscapes

```
A W A R W H Ā R J B Z O E K
I Z Q O P E R M A W A T P Ō
U P A T H Z C A P A R I C P
P A E O Y A N U M O A N A A
Y O Y N F N T N N H M W R K
E Y S T I Z T G Q X R A D A
W B Y K M N G A I Y W I N S
K M O T U O S O E O G R U C
D Ō U W E A V U O O E A T N
E F K C L Y Z O L Q Y N J Y
K M U Ā H E K Ā P A S G T X
X A U A T A H I N I E I G A
N F V F N A N F W L R M D X
H F K Y J A H A R O K V Z U
```

TAHI	MAUNGA
ANA	WHĀR
PARI	PENINSULA
KORAHA	AWA
GEYSER	MOANA
KŌPAKA	REPO
KŌKĀ	TUNDRA
PĀKEHĀ	RAWA
MOTU	PUIA
ROTO	WAIRANGI

84 - Visual Arts

```
Q X A E T I R O H A N G A M
K B C C S P F X E L E S A E
W A I E B G I L Z Z P U F B
A K U I T A N G A T A E T E
R O T P W H A K A A R O B L
O I N R A P A P U A K A G N
U T N E I P J H P U B Z H K
T K N T J E A S A H M B Q I
T V U S P E N I R A N G A R
H O T A X Y H N D A X W T I
Z Q I M P F U R O K V A N A
H L P T U Y B A T A I W B T
V L Z M O B A V N H A A Z A
G N E D V I P F R W S I G M
```

TOI TOI
NGA KAUPAPA
TIOKA
WARO
UKU
KAUPAPA
EASEL
KIRIATA
MASTERPIECE

PEN
PENIRANGA
TIROHANGA
WHAKAAHUA
WHAKAARO
TANGATA
VARNISH
WAWAI

85 - Plants

```
N C S X F W X X R V L T Ā T
O Y L E P X Q Y L Y V I G E
I A B J I L I M O Z U P Q O
Y C Y D P A A T U A T U N K
X E B Q E U I J P H X T N A
Q N A O Ī M H D A G N A N I
E B A Q T K K I R Ā K R P A
R D K C Ī A R O L F G A E W
E Ā A E T K N H D N D T T E
H V K Y Ā T I I N I P A A H
A V A A P B E R R Y Z R L X
G Q P Q U P U A A U V A A B
N P Ū K O H U Q F Z Z K Y P
I B B I W N L B Z D C M M E
```

INANGA	NGAHERE
PINI	KĀRI
BERRY	PĀTĪTĪ
BOTANI	IVY
PUHI	PŪKOHU
TIPU TARATARA	PETALA
HE WAIAKO	PAKAKA
FLORA	TĀT
PUA	RĀKAU
RAPU	UTAUTA

86 - Boxing

```
K M E K E K O X F D O E C W
W A S H X V O P A K E K E H
H H I X S F A K T E R E A A
A A E W X S V F O D S F U K
T K H A A E K K T N G B A A
Ī P S O N W Z S A T G R K O
A B I Z A I A H U R A A B R
N U Q L H R M O R P E R E A
G N T F W S I I A P S P Z I
A T O I F X D R S C B H K H
E K A U P A P A I H K X P P
L X Z X G V H Q T I N O F W
R J N M G G G D N Q S W A Z
B T G V A R A F N I S D Q C
```

PERE
TINO
KAUAE
KOKONGA
WHATĪANGA
RUHA
MEKE
KAUPAPA

WHANA
HOARIRI
TERE
WHAKAORA
KAIWAWAO
TAURA
PAKEKE
KAHA

87 - Countries #2

```
J P I O W R J A L U H M A S
H E A D M Y E W S N I E I Z
E K R N E A E P O J R H P U
M I A E J B P R A A I I O P
E R P P X X U U L N A K I G
I I E Ō R Y P H L B O O T P
K H I R Z A K I R A M N E D
A I N A Z A A A H C Y J A S
U H I T I A H N H Ū T A N O
C G A T A D X A C U P M X M
P T A I R E B I L Q H Y R A
D A G N I E R A K Ū N Z S L
N H P T D H A P A N I Y J I
L N V Q R A P A K I T I T A
```

ARAPEINIA   MEHIKO
DENMARIKA   NEPŌRA
ETIOPIA   NAIA
KIRIHI   PAKITIT
HAITI   RUHIA
HEMEIKA   SOMALIA
HAPANI   HŪTAN
LAOS   HIRIA
REPANONA   UGANDA
LIBERIA   ŪKAREINGA

88 - Ecology

```
T D C Z F N L U N X C M M K
S A K N P I D W U L B O A A
Y G I A X U T A U T A M H U
W N M A H P W P R K E O I P
G A E R O I X U I O D X M A
X R U G A T A C W H L F M P
M U A O V N G T I U B F A A
Ā A R O N U G N W R Y X U N
O T Ā T S Z K I H I R B N H
R E G M O A N A Ā N Z L G M
I T N B N O H O N O Q F A B
I T U D S Y E R U A B D Q P
A T O E P Z I N I E R Ū P U
S A W N G A K A U P A P A D
```

RANGI	MĀORI
IWI WHĀNUI	TAIAO
KAUPAPA	TIPU
TE TAURANGA	NGĀ RAUEMI
FLORA	MOMO
HURINOA	ORA
NOHO	PŪREI
MOANA	UTAUTA
MAHI	NGA KAUPAPA
MAUNGA	

89 - Adjectives #2

```
K M A T U A Y E O M T D F P
U A R O D R R K C P D J B Ō
Y M U Y E I I O J J N U I K
P C B P G H M R H N Z W H A
B X M L A V E A H A K H A I
T A I E A P R M E T O T M A
W C A O E W A W T W W Y A V
H I K U G J E W O O H W K L
A I A Q C O D O H Y I V A B
I D I U O Y W S O Q N O H O
H O H O M U Z E U Z A C W A
U E E J X T T I R O Ā M X A
A A T W L X S J J A K K S L
T B F A T W O O M D Z V Q O
```

MATU	HIRA
AROHA	MĀORI
WHAKAMAHI	HOU
MAROKE	NUI
TAIEA	WHAIHUA
KAUPAPA	PŌKAIA
KOWHINA	TOTE
ORA	MOE
WERA	KAHA
HIAKAI	MOHO

90 - Psychology

```
Z N G A W H A K A A R O V K
W H A K A A R O Y V O N Z N
N G A R O D V X W C D I Q W
P K C G Z W W D C O G T E T
W A I H A M A K A H W M J W
H P P T P Ū M A H A R A G H
E A O Ā E R E R A K A G N A
A P B T C N H C B E T U L W
K U B H C D G A P Y A K N H
O A Z S A N Z A U T G A O A
I K I R A M A T C M N P U I
A R O M A T A W A I A X X S
M O E P Ū K O R O E T N G Y
R A R U R A R U D Y B N U H
```

AROMATAWAI
WHAWHAI
TAMARIKI
HAUMANU
PAPĀ
MOE
PŪKORO
NGA KARERE
WHEAKO
WHAKAARO

PŪMAHARA
KITENGA
TANGATA
RARURARU
TINO
KAUPAPA
WHAKAMAHI
NGA WHAKAARO
NGARO

91 - Math

```
H W P K U T W H Ā R I T E A
A H O P I T I H W I G N A R
U A L Ū O T P A E N G A T A
T K Y T Y E E F W A R L S R
A A G O S H E M D M O J A A
N M O R Y I I P H K T L P K
G A N O M R G J Y T O S A A
A H D A M A X G P Z I O P H
P I O L E E T Z A M C R U W
H G R U T N V M N J M I A U
C E M Y R T E M O E G T K I
D A H L Y F Y X C T V I E O
W H A K A W E H E R G T T N
W H A W H A I K O K K D F N
```

KOKI	GEOMETRY
ARITHMETIK	WHAKARARA
TE KAUPAPA	PAENGA
TE HIRA	POLYGON
RANGIWHITI	PŪTORO
WHAKAWEHE	WHAWHAI
WHĀRITE	SYMMETRY
WHAKAMAHI	TITIRO
HAUTANGA	ROTO

92 - Water

```
H F O W Y Z E Z E K W G M B
P I U H J L L N A D H C X W
Z S K A K U P A W E D K T W
U M U K A M A W A L G I E H
A I C A M H G E Y S E R U A
D M A W A R O T O R T U A K
M N E A K U H K E A I H K A
H O R H U P Z X B I O Z T H
U O A I K G H U N G A K U E
K S F N U S C F A Z M G O K
U N L V A N G A N G A R U E
Q O W H A K A R I R I G A H
S M C Y Q V N Z E P W C J A
B E J R H O D H H C V I N D
```

RAWA
HUKU
WHAKAHEKE
WAPUKA
HUNGAKU
GEYSER
MAKUMU
HURI
TIO
WHAKARIRIGA

ROTO
MAKUKU
MONSOON
MOANA
TE UA
AWA
WHAKAWAHI
HUKAE
KOHA
NGA NGARU

93 - Activities

```
J Y G F Y I D N P L H W F T
W R I E M H E I Y V V H P Q
T H Z T T A K I Ī H V A C P
U J A W B R M S V L V K G X
I Q U K W E K E K A P A Y D
T K P T A T O I L I Y M N M
U O Ā N R A N G O H E A Y L
I W K N G H R V Y U L H B T
H P A A I Ā B O K T Z I N S
A F H C H K K Q R I Z L T H
M S W B T O A Ē I A U M B F
A P Ā N U I T N M W P R L F
G H Ō P U A E Q I U H I K I
N W H A K A T A N G A R U X
```

NGOHE	WHAKAPUA
TOI	TE RAHI
HŌPUA	WAITUHI
NGA MAHI	WHAKAARO
KANIKANI	PUZZLE
HĪ IKA	PĀNUI
NGĀ KĒMU	WHAKATANGA
WHAKAMAHI	TUITUI
HIKI	PAKEKE

94 - Business

```
Y N G G L U R M A H I D V Q
K A I W H A K A H A E R E R
X H O K O H O K O C B M E Q
D D A U B Z K F D Q M W A N
E N W N Q U K Z B A K G R
C S P U T E A X U N E F N A
N O C U W H I W H I N G A R
R G J Q W X N K A I M A H I
I Y Ā I E I O K O H V F O T
R K F T O O M K T T A R I A
R A V N Ā K A U P A P A V G
I H A M A K A H W U I D F N
V L D P X B E W X T B G J A
W A K A R A N G A U H A T R
```

TAHUA	KAIWHAKAHAERE
KAUPAPA	HOKOHOKO
UTU	MONI
OHANGA	TARI
KAIMAHI	WHIWHINGA
RANGATIRA	HOKO
WAKARANGA	TOA
PUTEA	NGĀ TĀKE
MAHI	WHAKAMAHI

95 - The Company

```
R  J  K  W  O  A  K  M  B  I  E  R  Y  X
O  A  A  H  D  P  R  O  A  A  P  N  S  P
N  G  U  A  F  A  P  O  U  H  F  S  T  Ū
G  N  N  K  W  P  Z  C  H  W  I  N  N  Ā
O  A  U  A  H  U  S  U  X  A  M  G  G  H
N  R  K  T  A  A  U  K  Z  H  E  A  Ā  U
U  U  U  A  K  K  K  O  D  W  U  I  M  A
I  T  F  U  A  U  H  U  O  I  A  O  Ō  O
Y  A  U  N  M  C  V  N  P  S  R  Z  R  N
I  A  C  G  A  L  W  G  M  S  Ā  G  E  I
O  K  I  A  H  M  N  A  N  Y  G  V  A  R
K  A  O  R  I  H  I  K  Ā  P  N  C  M  U
A  H  U  M  A  H  I  N  G  Ā  W  A  E  H
O  W  M  Q  C  O  T  C  J  D  P  V  X  J
```

PĀKIHI	NGAIO
AROHA	KAUNUKU
WHAKATAUNGA	KOUNGA
MAHI	RONGONUI
HURINOA	NGĀ RAUEMI
AHUMAHI	WHAWHAI
WHAKAMAHI	NGĀ MŌREA
KAUPAPA	PŪAHUA
WHAKAATURANGA	NGĀ WAE
HUA	UTU

96 - Geography

```
A T G M M R O H E B C Q G R
W I P A M O K Z U Y Z Z P Q
A N Q S X A A A T U A K O I
S G M U U J G N U R U C K E
V A R C T M N R A P Y H K T
R A U S R O U A R X A Z P I
A A G N O T A O J T T P B E
K T J P E U M R D R D P A T
I A I K C H M E R I D I A N
A W G L G S W T Ā O N E S D
I H Ā W Ū P Ā G N K M N N T
S Ā P A L K K V E W I Y Y G
C O G J V A O W W G U N W V
O X Q L W W T M J Z B T Q R
```

TEITEI	MAPI
NGĀ PŪWĀHI	MERIDIAN
TĀONE	MAUNGA
WHENUA	RAKI
TINGA	ROHE
TAWHĀ	AWA
KAUPAPA	MOANA
TUAKOI	TONGA
MOTU	URU
TE ROA	AO

97 - Pets

```
M M F H R F Z X O A R A K K
O L R S A Z A K P T G N N E
K F R Ā Y Q M S H A G D G F
O D Q T K I O R E I E H E V
M M D B D Ā I E P A K I R J
O I J B I N K T E T A U U Y
K Y F K S J K S Z I T A O K
O D Q A E G R M B A W K T C
H G X V C M T A D T D G X C
L O I Q E K U H N J R U P T
Z D N K U R I T I P A R I J
G Z P U H W A T R K A I P W
F J W I O W W E R Y B Z I Q
U T W N C A V T J T L E O C
```

NGERU	MOKOMOKO
KARA	KIORE
KAU	KĀKĀ
KURI	PIPI
IKA	RAPITI
KAI	HIKU
KOATI	HONU
HAMSTER	TAITAIATA
HEI	WAI

98 - Jazz

```
A H M A H I H Ā N G A I P D
R O Z H Y Y D A P A P U A K
O U D N T A W H I T O W K R
T R E C N O C Q L R R J I Ō
A K I T L L E R P R O U P P
H I F S P P E H U P U Y A Ū
I R H I W A T W O P P D K W
O D R A N P T A U H Ā K I H
Q Q B Q M U H I O T I O T Ā
O T I T I A K A B Ā C S L N
L U C J H S K T E H K J S G
Z S G T G W H A I E Y Y T A
P U K A P U K A H I K N E I
N I Y C M G E Z Z W P V E X
```

PUKAPUKA	PUORO
PAKIPAKI	HOU
TOI TOI	TAWHITO
KAITITO	RŌPŪ WHĀNGAI
CONCERT	TĀHEI
PAPU	WAIATA
AROTAHI	KĀHUA
KAUPAPA	TIKA
WHAKAMAHI	MAHI HĀNGAI

99 - Nature

```
U P A R E E K O O P I K R R
U S T W L I O K F A W A U R
O P A U A R H P K K O R R J
D X A I B Ā O N K I L A C Q
I I H B O M G D R H T R E V
K G U A N I H W A I A E O K
A Z A G Z G P Ī B Y P H S H
K B V N N N A K Q E U E A M
I N Z U K A K H M O H O T V
K N Q H O R A T E U G K I G
I O I E R X P G I R I H I H
T W H T A Y Ō T R Q E T E D
R N U U H C K T A K A P U A
A Y J M A G G V P Y W R L I
```

KARAREHE	RAPU
ARTIKIKA	NGAHERE
ATAAHUA	KŌPAKA
PĪ	RANGIMĀRIE
PARI	AWA
KAPUA	TAPU
KORAHA	KOHO
HIHIRI	PAKIHI
TE HUNGA	AWHINA
KOHU	MOHO

100 - Vacation #2

```
S A C E Ū N G A U P Ō H W
G Z I Q L A M R P F D G Y A
Y I N W H G A A D T G I H N
M O T U Z N V R P S H H B A
U T E N T A E Ē T I H A T N
W Q W N D T N T E H P M A G
T E V T E I E Ō R A G A Y A
K E M J M U D H E W H K P K
M N R M W P U H I A A A Z R
F A Y A C Ā F U N T E H Y D
V I U G H T J Y A E R W X U
I P Y N F I K E T K E J M P
S R S X G U R U W H E N U A
A H G H Q A M O A N A O Z Z
```

WANANGA	MAUNGA
TAHI	URUWHENUA
HŌPUA	TĀPUITANGA
ŪNGA	MOANA
TAWAHI	TEKI
HŌTĒRA	TENTAE
MOTU	TEREINA
HAERE	WHAKAMAHI
TE RAHI	VISA
MAPI	

1 - Antiques

2 - Food #1

3 - Measurements

4 - Farm #2

5 - Books

6 - Meditation

7 - Days and Months

8 - Energy

9 - Archeology

10 - Food #2

11 - Chemistry

12 - Music

13 - Family

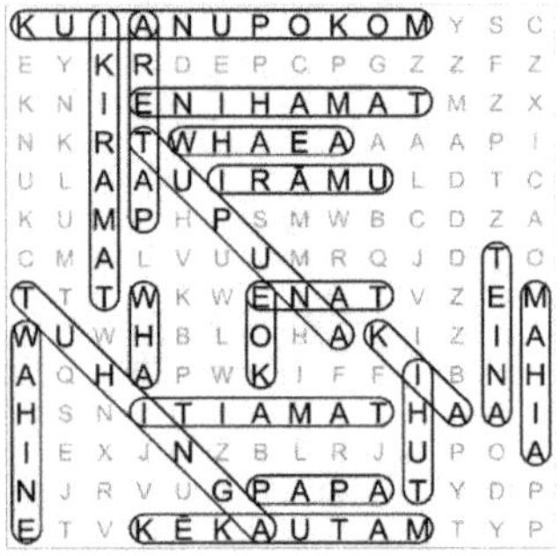

14 - Farm #1

15 - Camping

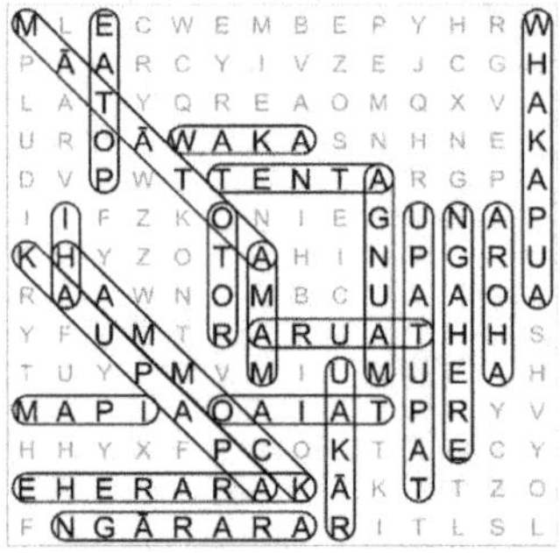

16 - Cats

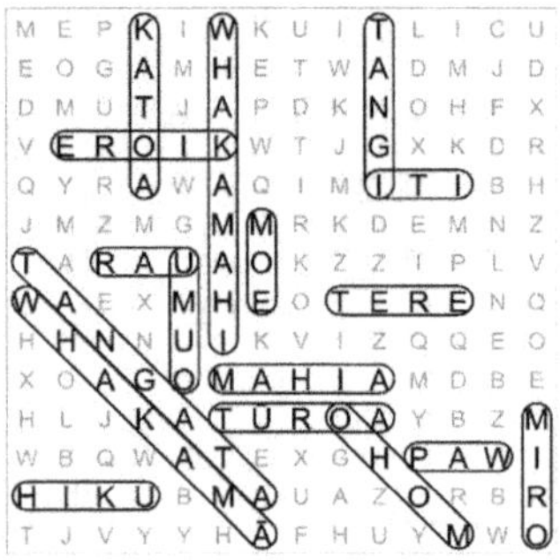

17 - Algebra

18 - Numbers

19 - Spices

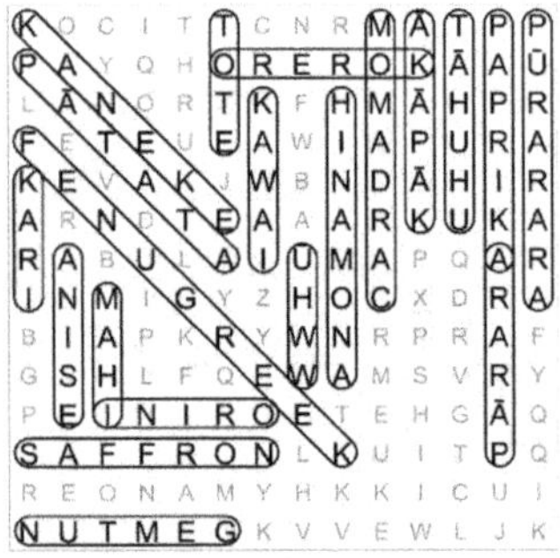

20 - Universe

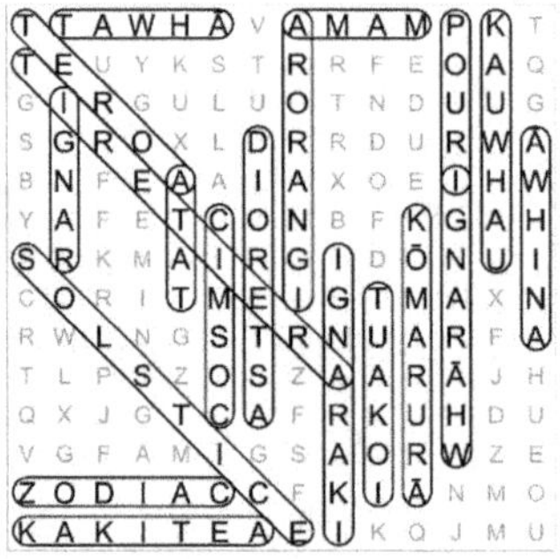

21 - Mammals

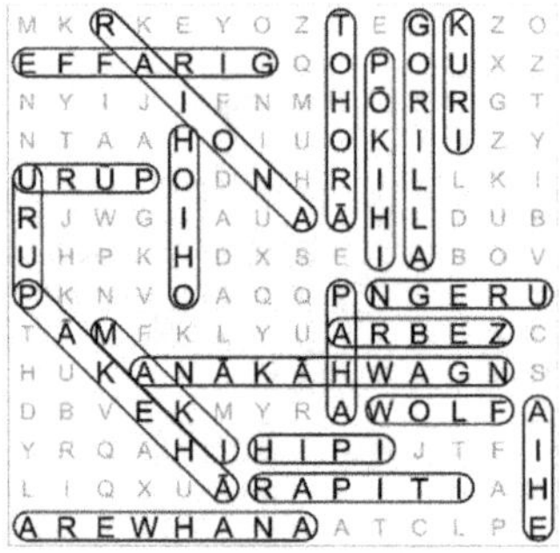

22 - Fishing

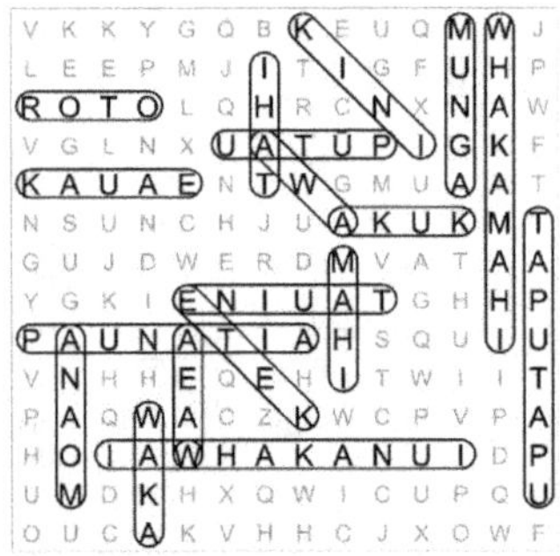

23 - Bees

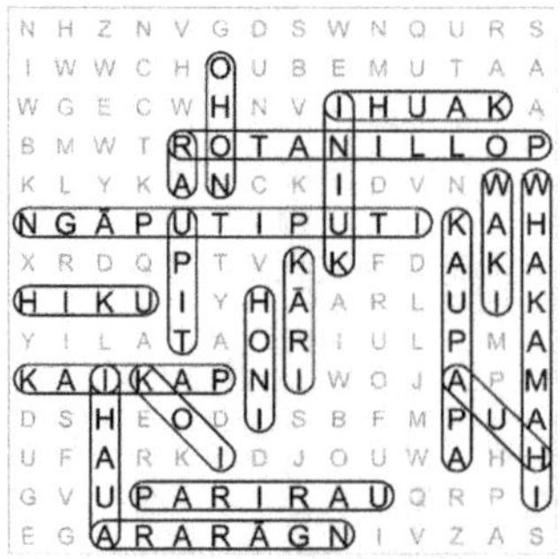

24 - Photography

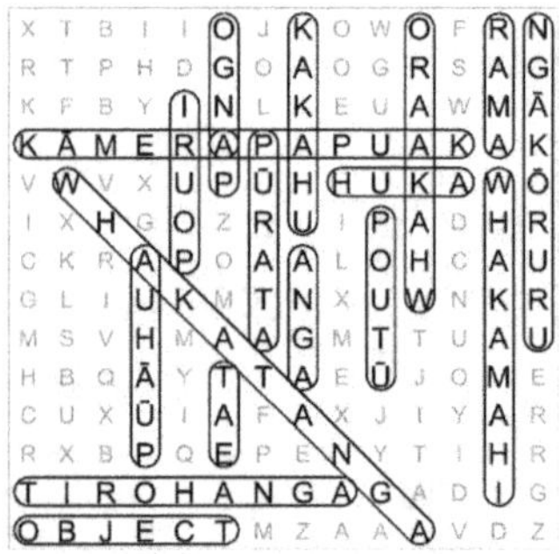

25 - Sports

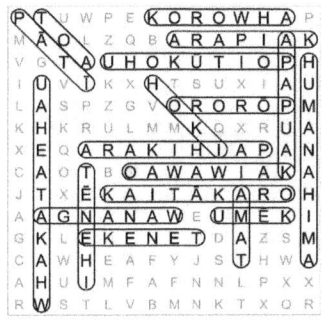

26 - Weather

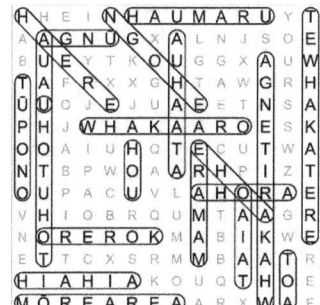

27 - Adventure

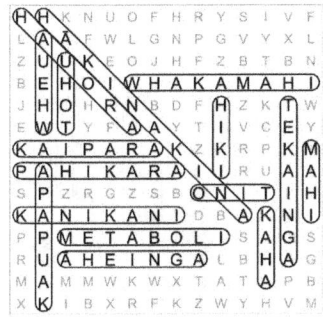

28 - Sport

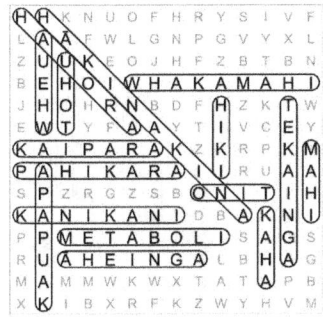

29 - Circus

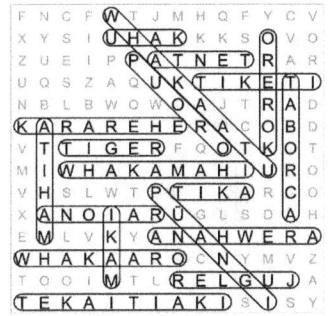

30 - Restaurant #2

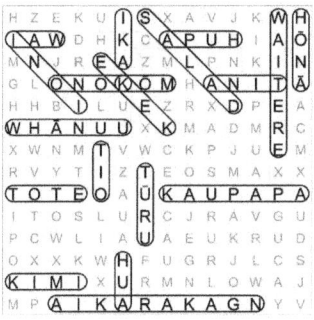

31 - Geology

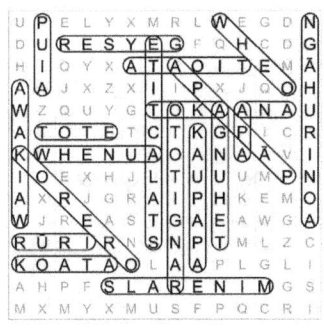

32 - House

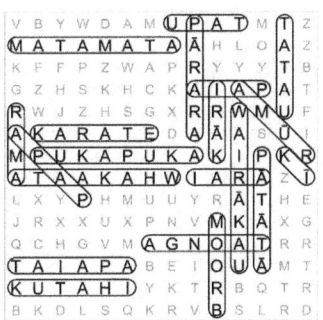

33 - Physics

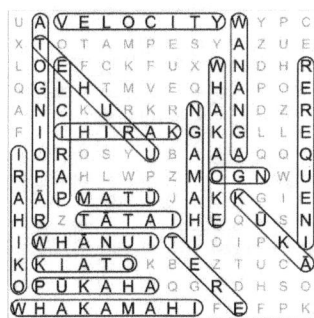

34 - Dance

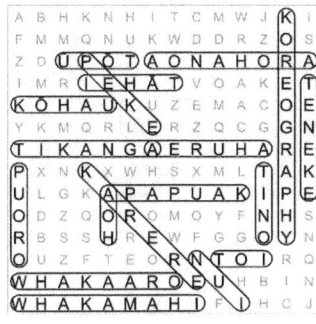

35 - Shapes

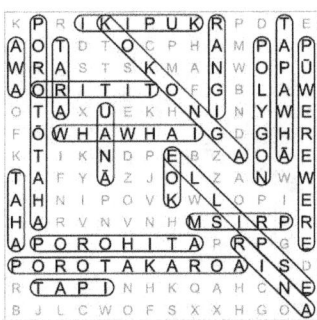

36 - Scientific Disciplines

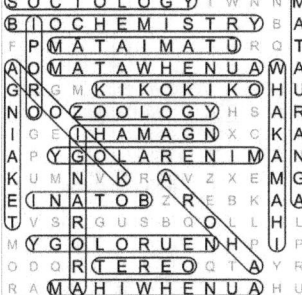

37 - Science

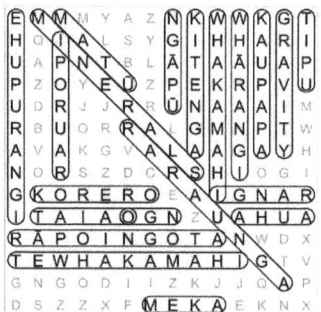

38 - Beauty

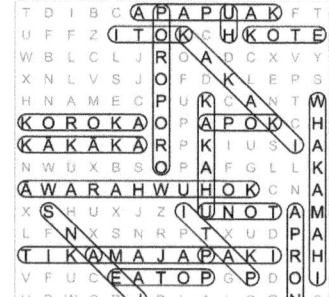

39 - Clothes

40 - Astronomy

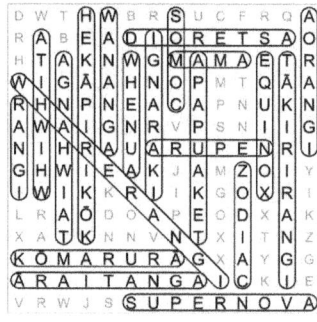

41 - Health and Wellness #2

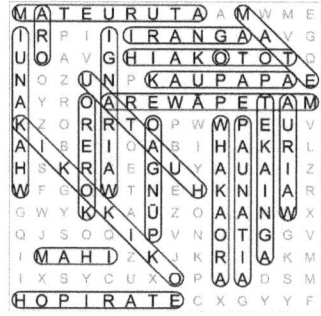

42 - Time

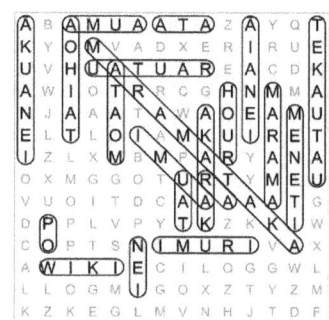

43 - Buildings

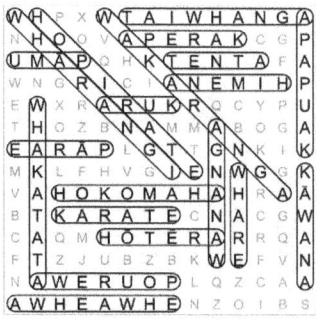

44 - Philanthropy

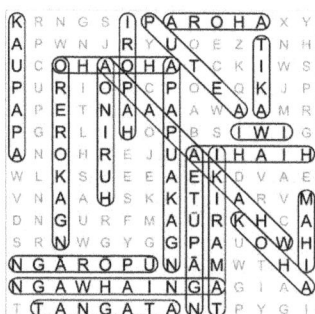

45 - Gardening

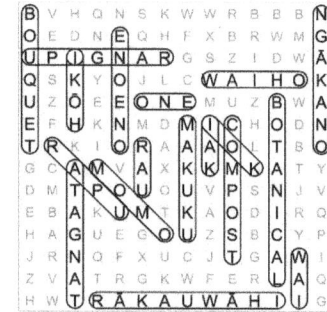

46 - Herbalism

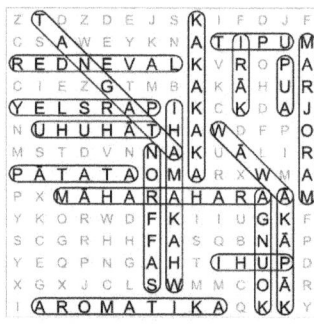

47 - Vehicles

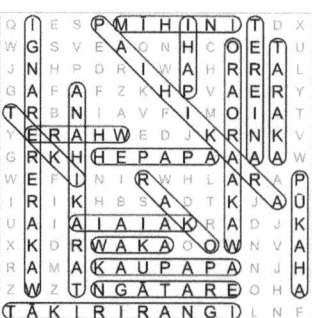

48 - Health and Wellness #1

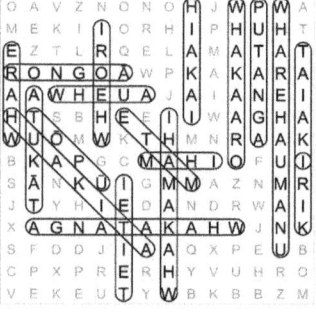

49 - Antarctica

50 - Ballet

51 - Fashion

52 - Human Body

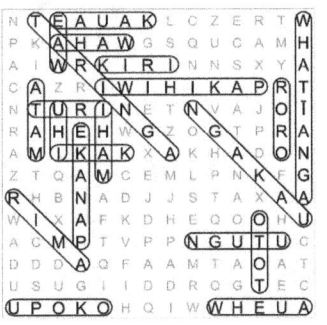

53 - Musical Instruments

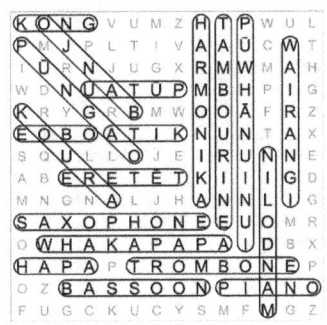

54 - Fruit

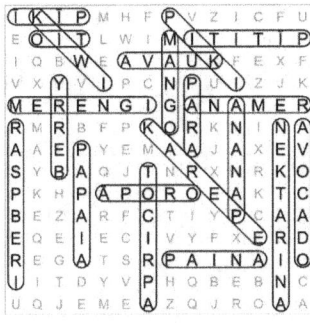

55 - Engineering

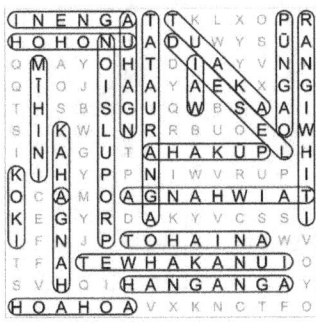

56 - Kitchen

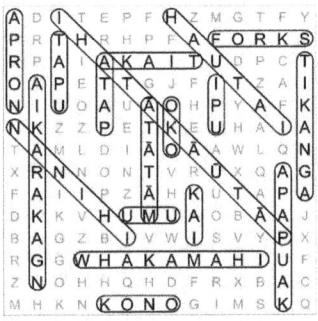

57 - Government

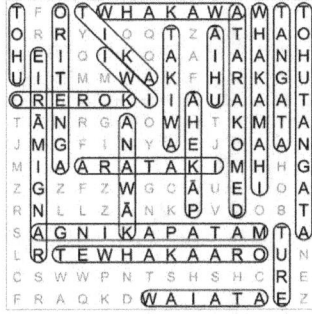

58 - Art Supplies

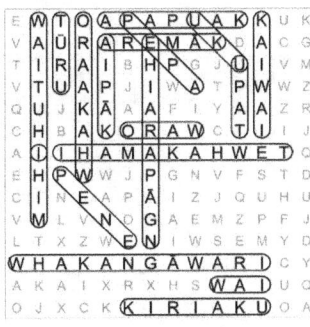

59 - Science Fiction

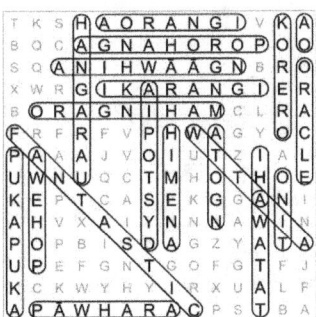

60 - Geometry

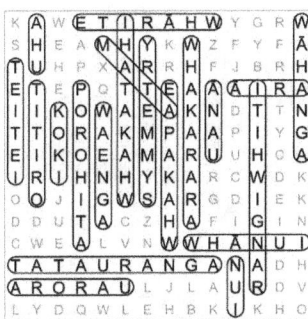

61 - Airplanes

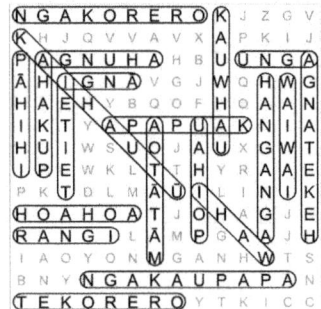

62 - Ocean

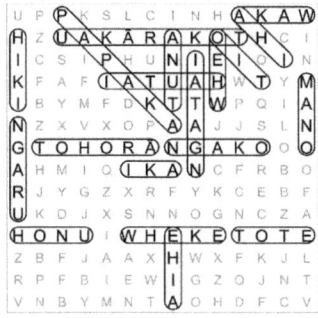

63 - Birds

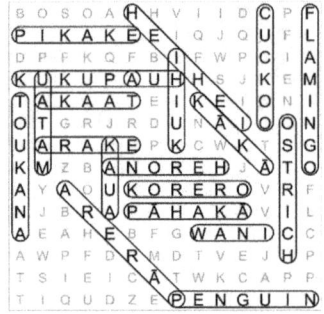

64 - Nutrition

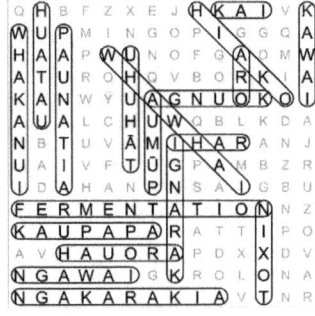

65 - Hiking

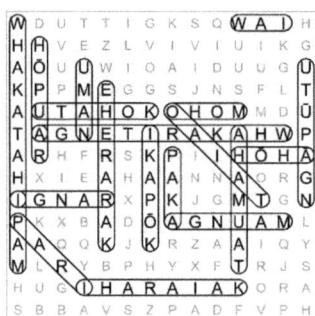

66 - Professions #1

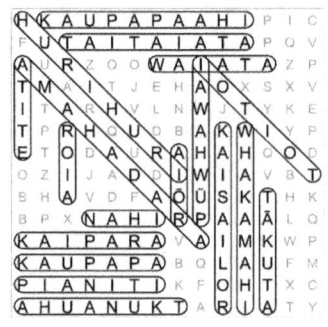

67 - Barbecues

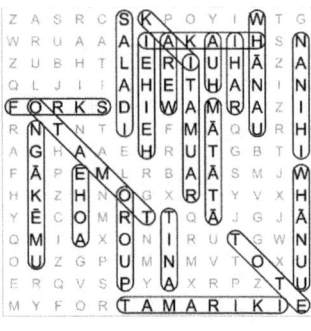

68 - Chocolate

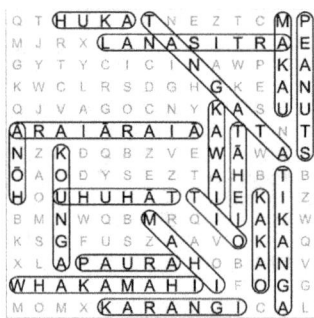

69 - Vegetables

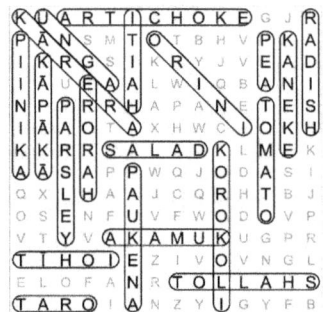

70 - Boats

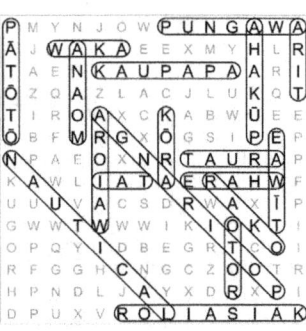

71 - Activities and Leisure

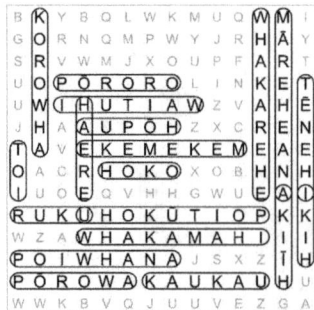

72 - Driving

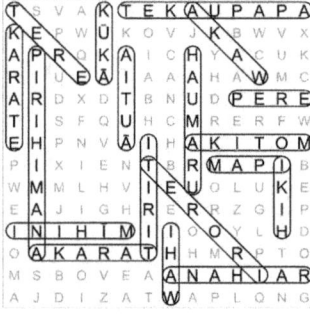

73 - Professions #2

74 - Emotions

75 - Mythology

76 - Hair Types

77 - Garden

78 - Diplomacy

79 - Countries #1

80 - Adjectives #1

81 - Rainforest

82 - Technology

83 - Landscapes

84 - Visual Arts

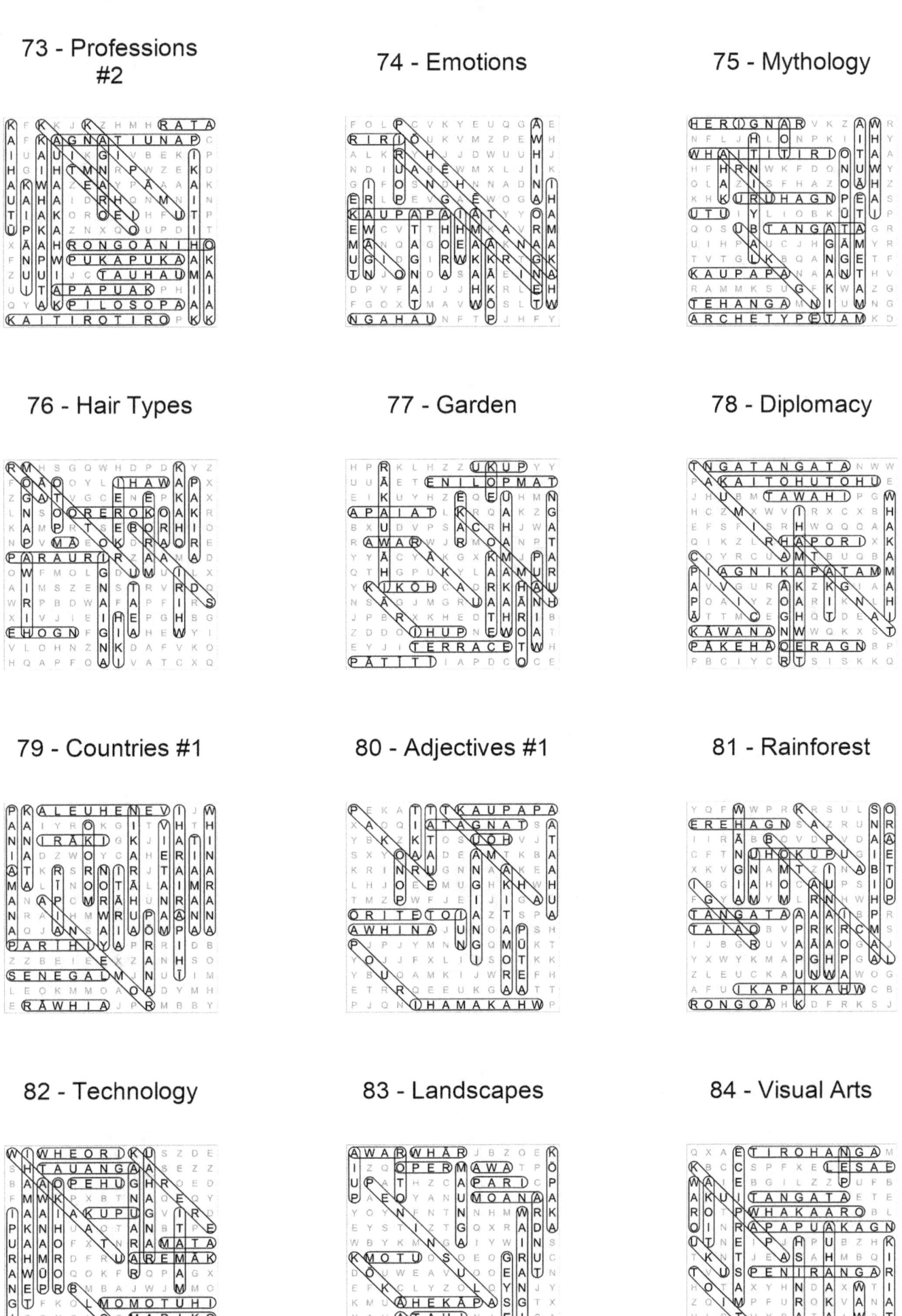

85 - Plants

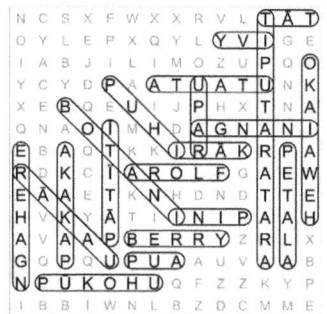

86 - Boxing

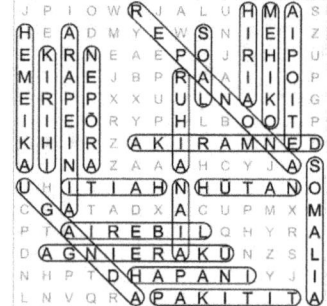

87 - Countries #2

88 - Ecology

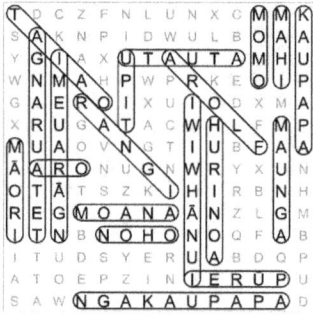

89 - Adjectives #2

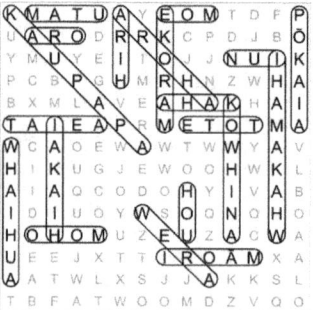

90 - Psychology

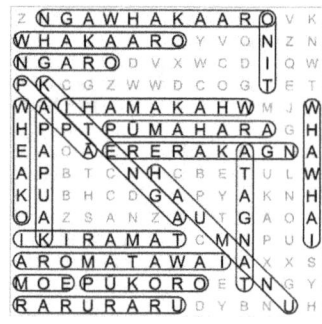

91 - Math

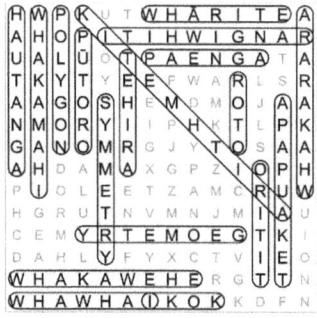

92 - Water

93 - Activities

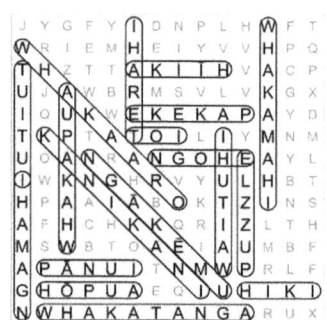

94 - Business

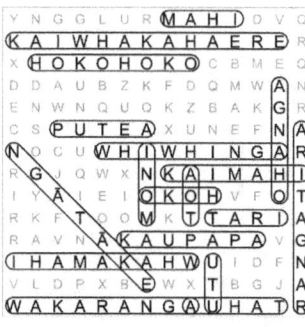

95 - The Company

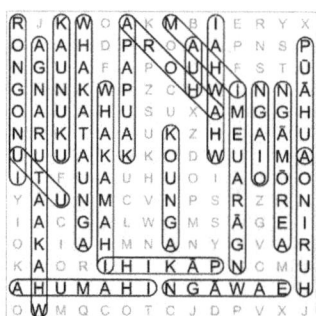

96 - Geography

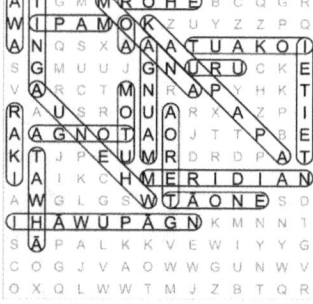

97 - Pets

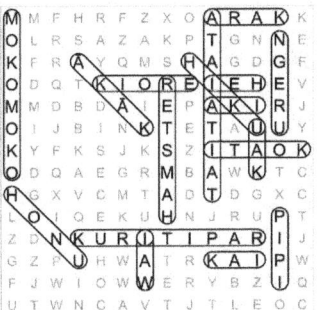

98 - Jazz

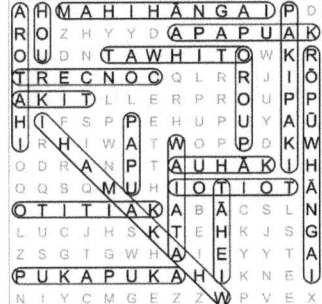

99 - Nature

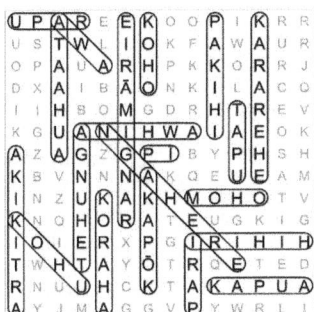

100 - Vacation #2

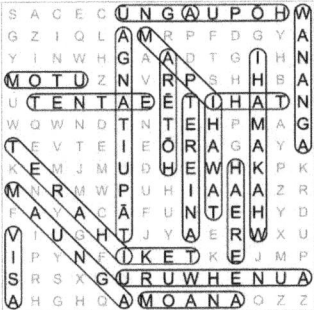

Dictionary

Activities
Nga Mahi

Activity	Ngohe
Art	Toi
Camping	Hōpua
Crafts	Nga Mahi
Dancing	Kanikani
Fishing	Hī Ika
Games	Ngā Kēmu
Gardening	Whakamahi
Hiking	Hiki
Hunting	Whakapua
Leisure	Te Rahi
Painting	Waituhi
Pleasure	Whakaaro
Puzzles	Puzzle
Reading	Pānui
Relaxation	Whakatanga
Sewing	Tuitui
Skill	Pakeke

Activities and Leisure
Ngā Mahi me te Rēhia

Art	Toi
Baseball	Pōroro
Basketball	Poitūkohu
Boxing	Mekemeke
Camping	Hōpua
Diving	Ruku
Fishing	Hī Ika
Gardening	Whakamahi
Golf	Korowha
Hiking	Hiki
Painting	Waituhi
Relaxing	Mārehe Ana
Shopping	Hoko
Soccer	Poiwhana
Surfing	Whakarehe
Swimming	Kaukau
Tennis	Tēnehi
Travel	Haere
Volleyball	Pōrowa

Adjectives #1
Kupu Kupu #1

Absolute	Tatau
Ambitious	Whakamahi
Aromatic	Aromatika
Artistic	Toi
Attractive	Whakamahi
Beautiful	Ataahua
Dark	Pouri
Exotic	Tangata
Generous	Whakamahi
Happy	Kaupapa
Heavy	Taumaha
Helpful	Awhina
Honest	Pono
Huge	Nui
Identical	Ōrite
Modern	Hōu
Perfect	Tika
Slow	Pakore
Thin	Angiangi
Valuable	Pūtea

Adjectives #2
Kupu Kupu #2

Authentic	Matu
Creative	Aroha
Descriptive	Whakamahi
Dry	Maroke
Elegant	Taiea
Famous	Kaupapa
Gifted	Kowhina
Healthy	Ora
Hot	Wera
Hungry	Hiakai
Interesting	Hira
Natural	Māori
New	Hou
Normal	Nui
Productive	Whaihua
Proud	Pōkaia
Salty	Tote
Sleepy	Moe
Strong	Kaha
Wild	Moho

Adventure
Te Haerenga

Activity	Ngohe
Beauty	Ataahua
Bravery	Toa
Chance	Tūpono
Dangerous	Mōrearea
Destination	Ūnga
Difficulty	Uaua
Enthusiasm	Hiahia
Excursion	Haere
Friends	E Hoa
Itinerary	Tohutohu
Joy	Aroha
Nature	Taiao
Navigation	Te Whakatere
New	Hou
Opportunity	Whakaaro
Preparation	Whakaritenga
Safety	Haumaru
Surprising	Mamare
Unusual	Korero

Airplanes
Nga Rererangi

Adventure	Mātātoa
Air	Āngi
Atmosphere	Kauwhau
Balloon	Poihau
Construction	Hanganga
Crew	Kaupapa
Descent	Heketanga
Design	Hoahoa
Direction	Ahunga
Engine	Pūkaha
Fuel	Wahi
Height	Teitei
History	Nga Korero
Hydrogen	Waiwai
Landing	Ūnga
Passenger	Pāhihi
Pilot	Kaihautū
Propellers	Nga Kaupapa
Sky	Rangi
Turbulence	Te Korero

Algebra
Taurangi

Diagram	Hoahoa
Division	Whakawehe
Equation	Whārite
Factor	Taurea
False	Hē
Formula	Tātai
Fraction	Hautanga
Infinite	Kaupapa
Linear	Paerangi
Matrix	Matrix
Number	Nui
Problem	Raruraru
Simplify	Whakamahi
Solution	Rongoā
Solve	Whakaoti
Subtraction	Tangotanga
Sum	Tamu
Variable	Tāupe
Zero	Kore

Antarctica
Ingoa

Bay	Peka
Birds	Manu
Clouds	Kapua
Conservation	Whakataki
Continent	Whenua
Environment	Taiao
Expedition	Te Hunga
Geography	Papawhenua
Glaciers	Kōpaka
Ice	Tio
Islands	Nga Motu
Migration	Hekenga
Minerals	Minerals
Peninsula	Peninsula
Researcher	Kaipānui
Rocky	Toka
Scientific	Putaiao
Temperature	Pāmahana
Topography	Whakamahi
Water	Wai

Antiques
Nga Taonga Tawhito

Art	Toi
Auction	Pānuitanga
Authentic	Matu
Century	Rau Tau
Coins	Kopa
Condition	Āhua:
Decorative	Whakamahi
Elegant	Taiea
Enthusiast	Kaupapa
Furniture	Taonga
Gallery	Rangatira
Old	Tawhito
Price	Utu
Quality	Kounga
Sculpture	Whakaaro
Style	Kāhua
Unusual	Korero
Value	Uara

Archeology
Whaipara Tangata

Analysis	Whakamahi
Antiquity	Tawhiti
Bones	Wheua
Civilization	Te Whakanui
Descendant	Uri
Evaluation	Arotakenga
Expert	Tohunga
Forgotten	Wareware
Fossil	Korero
Mystery	Ngaro
Objects	Nga Mea
Professor	Oranga
Relic	Relic
Researcher	Kaipānui
Team	Tama
Temple	Temepara
Tomb	Uru
Unknown	Kore Mohio

Art Supplies
Nga Taonga Toi

Acrylic	Kiriaku
Brushes	Ngā Paraihe
Camera	Kāmera
Chair	Tūru
Charcoal	Waro
Clay	Uku
Creativity	Te Whakamahi
Easel	Whakangāwari
Eraser	Kaupapa
Glue	Kāpia
Ideas	Whakaaro
Ink	Waituhi
Oil	Mihi
Paper	Pepa
Pencils	Pene
Table	Tapu
Water	Wai
Watercolors	Kai Wai

Astronomy
Tātai Arorangi

Asteroid	Asteroid
Astronaut	Wharerangi
Constellation	Te Kaupapa
Cosmos	Comos
Earth	Whenua
Eclipse	Āraitanga
Equinox	Equinox
Galaxy	Ikarangi
Meteor	Kōkiri Pākeh
Moon	Mama
Nebula	Nepura
Observatory	Taiwhanga
Planet	Aorangi
Radiation	Whiwhita
Rocket	Tākirirangi
Sky	Rangi
Solar	Kōmaru Rā
Supernova	Supernova
Universe	Wananga
Zodiac	Zodiac

Ballet
Whakapā

Applause	Pakipaki
Artistic	Toi
Audience	Ngā Minenga
Choreography	Koreography
Composer	Kaitito
Dancers	Ngā Dancers
Gesture	Whakamahi
Intensity	Kaupapa
Lessons	Akoranga
Muscles	Mahi
Music	Puoro
Orchestra	Rōpū Whāngai
Rehearsal	Whakaaro
Rhythm	Tāhei
Skill	Pakeke
Style	Kāhua
Technique	Mahi Hāngai

Barbecues
Rorerore

Chicken	Heihei
Children	Tamariki
Dinner	Tina
Family	Whānau
Food	Kai
Forks	Forks
Friends	E Hoa
Fruit	Hua
Games	Ngā Kēmu
Grill	Mātātā
Hot	Wera
Hunger	Hiakai
Knives	Nanihi
Music	Puoro
Salads	Saladi
Salt	Tote
Sauce	Rahi
Summer	Raumati
Tomatoes	Tomato
Vegetables	Whānuu

Beauty
Ataahua

Charm	Ātahu
Color	Tae
Curls	Korero
Elegance	Āhuina
Elegant	Taiea
Fragrance	Karanga
Grace	Aroha Noa
Lipstick	Lipstick
Makeup	Whakamahi
Mascara	Maskara
Mirror	Whakaata
Oils	Hinu
Photogenic	Photogenic
Scent	Kakara
Scissors	Kutikuti
Services	Ratonga
Shampoo	Hīpupiri
Skin	Kiri
Smooth	Mahi
Stylist	Kaupapa

Bees
Kāinga

Beneficial	Whakamahi
Blossom	Koi
Diversity	Kaupapa
Flowers	Ngā Putiputi
Food	Kai
Fruit	Hua
Garden	Kāri
Habitat	Noho
Hive	Hiku
Honey	Honi
Insect	Ngārara
Plants	Tipu
Pollen	Paki
Pollinator	Pollinator
Queen	Kuini
Smoke	Auahi
Sun	Ra
Swarm	Kauhi
Wax	Waki
Wings	Parirau

Birds
Nga Manu

Canary	Matau
Chicken	Heihei
Crow	Kaua
Cuckoo	Cuckoo
Dove	Kukupa
Duck	Pārera
Eagle	Ekara
Egg	Hua
Flamingo	Flamingo
Goose	Kuihi
Heron	Herona
Ostrich	Ostrich
Parrot	Kākā
Peacock	Pikake
Pelican	Pāhakā
Penguin	Penguin
Sparrow	Korero
Stork	Taaka
Swan	Wani
Toucan	Toukana

Boats
Tuhinga

Anchor	Punga
Buoy	Pātōtō
Canoe	Waka
Crew	Kaupapa
Engine	Pūkaha
Ferry	Whare
Kayak	Kōra
Lake	Roto
Lifeboat	Waiora
Mast	Tira
Nautical	Nautical
Ocean	Moana
Raft	Rako
River	Awa
Rope	Taura
Sailboat	Poti Ranga
Sailor	Kai Sailor
Sea	Moana
Tide	Tai
Yacht	Tīwae

Books
Pukapuka

Adventure	Mātātoa
Author	Kaituhi
Character	Pūāhua
Collection	Kohinga
Duality	Ngākaurua
Epic	Pūrangi
Historical	Htoria
Humorous	Humorous
Inventive	Whakaaro
Literary	Tuhituhi
Narrator	Kaupapa
Novel	Pukapuka
Page	Whārangi
Poem	Pūrei
Poetry	Tohe
Reader	Pūpānui
Relevant	Hunga
Series	Rangatū
Story	Korero
Tragic	Atahi

Boxing
Mekemeke

Bell	Pere
Body	Tino
Chin	Kauae
Corner	Kokonga
Elbow	Whatīanga
Exhausted	Ruha
Fist	Meke
Focus	Kaupapa
Gloves	Kaupapa
Kick	Whana
Opponent	Hoariri
Quick	Tere
Recovery	Whakaora
Referee	Kaiwawao
Ropes	Taura
Skill	Pakeke
Strength	Kaha

Buildings
Nga Whare

Cabin	Kaupapa
Castle	Pārae
Cathedral	Karepa
Cinema	Himena
Embassy	Kāwana
Factory	Wakaranga
Farm	Pāmu
Garage	Karate
Hospital	Hopirate
Hotel	Hōtēra
Laboratory	Whārangi
Museum	Whare
Observatory	Taiwhanga
School	Kura
Supermarket	Hokomaha
Tent	Tenta
Theater	Whakatata
Tower	Pourewa
University	Wananga
Workshop	Awheawhe

Business
Pakihi

Budget	Tahua
Company	Kaupapa
Cost	Utu
Economics	Ohanga
Employee	Kaimahi
Employer	Rangatira
Factory	Wakaranga
Finance	Putea
Job	Mahi
Manager	Kaiwhakahaere
Merchandise	Hokohoko
Money	Moni
Office	Tari
Profit	Whiwhinga
Sale	Hoko
Shop	Toa
Taxes	Ngā Tāke
Transaction	Whakamahi

Camping
Kamupene

Adventure	Mātātoa
Animals	Kararehe
Canoe	Waka
Compass	Kaupapa
Equipment	Taputapu
Fire	Ahi
Forest	Ngahere
Fun	Aroha
Hammock	Hammock
Hat	Potae
Hunting	Whakapua
Insect	Ngārara
Lake	Roto
Map	Mapi
Moon	Mama
Mountain	Maunga
Nature	Taiao
Rope	Taura
Tent	Tenta
Trees	Rākau

Cats
Potae

Claw	Rau
Crazy	Tūroa
Curious	Mahia
Fast	Tere
Funny	Katoa
Fur	Oumu
Hunter	Whakamahi
Independent	Tangata
Little	Iti
Mouse	Kiore
Paw	Paw
Playful	Tangi
Shy	Whakamā
Sleep	Moe
Tail	Hiku
Wild	Moho
Yarn	Miro

Chemistry
Pūtaiao

Acid	Waikawa
Alkaline	Kaupapa
Atomic	Ngota
Carbon	Waro
Catalyst	Kaitai
Chlorine	Chlorine
Electron	Irahiko
Enzyme	Enzyme
Gas	Kūkā
Heat	Wera
Hydrogen	Waiwai
Ion	Ion
Liquid	Wai
Molecule	Rāpoi Ngota
Nuclear	Karihi
Organic	Organic
Oxygen	Hāora-Ā-Roto
Salt	Tote
Temperature	Pāmahana
Weight	Paunatia

Chocolate
Tiakarete

Antioxidant	Ārai Ārai Ā
Artisanal	Artisanal
Bitter	Kawai
Cacao	Kakao
Calories	Karangi
Coconut	Tio
Delicious	Hōnā
Exotic	Tangata
Favorite	Makau
Flavor	Tāhuhu
Ingredient	Whakamahi
Peanuts	Peanuts
Powder	Paura
Quality	Kounga
Recipe	Tikanga
Sugar	Huka
Sweet	Mahi
Taste	Tāhei

Circus
Ingoa

Acrobat	Acrobat
Animals	Kararehe
Balloons	Pūangi
Clown	Korero
Costume	Kahu
Elephant	Arewhana
Entertain	Whakaaro
Juggler	Jugler
Lion	Raiona
Magician	Mahita
Monkey	Maki
Music	Puoro
Show	Whakaatu
Spectacular	Whakamahi
Spectator	Te Kaitiaki
Tent	Tenta
Ticket	Tiketi
Tiger	Tiger
Trick	Tika

Clothes
Kakahu

Apron	Apron
Belt	Tika
Blouse	Pati
Bracelet	Poroporo
Dress	Kakahu
Fashion	Whakamahi
Gloves	Kaupapa
Hat	Potae
Jacket	Koti
Jeans	Jeans
Necklace	Kakaki
Pajamas	Pajama
Pants	Paki
Sandals	Kopa
Scarf	Kākākā
Shirt	Kote
Shoe	Hu
Skirt	Koroka
Socks	Tonu
Sweater	Kohuwharawā

Countries #1
Whenua #1

Brazil	Parīhi
Canada	Kanata
Egypt	Īhipa
Finland	Whinarana
Germany	Tiamana
Iraq	Irāki
Israel	Iharaira
Italy	Itāria
Latvia	Rāwhia
Libya	Rīpia
Morocco	Moroko
Nicaragua	Nikarāhua
Norway	Norway
Panama	Panama
Poland	Pōrana
Romania	Romeinia
Senegal	Senegal
Spain	Pania
Venezuela	Venehuela
Vietnam	Vietanam

Countries #2
Whenua #2

Albania	Arapeinia
Denmark	Denmarika
Ethiopia	Etiopia
Greece	Kirihi
Haiti	Haiti
Jamaica	Hemeika
Japan	Hapani
Laos	Laos
Lebanon	Repanona
Liberia	Liberia
Mexico	Mehiko
Nepal	Nepōra
Nigeria	Naia
Pakistan	Pakitit
Russia	Ruhia
Somalia	Somalia
Sudan	Hūtan
Syria	Hiria
Uganda	Uganda
Ukraine	Ūkareinga

Dance
Kanikani

Art	Toi
Body	Tino
Choreography	Koreography
Classical	Kaupapa
Cultural	Ahurea
Culture	Tikanga
Emotion	Karere
Expressive	Whakamahi
Grace	Aroha Noa
Joyful	Kōhau
Jump	Peke
Movement	Te Neke
Music	Puoro
Partner	Hoa
Posture	Tōpū
Rhythm	Tāhei
Traditional	Nui
Visual	Whakaaro

Days and Months
Nga ra me nga Marama

April	Aperira
August	Awatea
Calendar	Maramataka
February	Pepuere
Friday	Paraire
January	Hanuari
July	Hōngongoi
March	Hōta
Monday	Rāhina
Month	Marama
November	Nowema
October	Oketopa
Saturday	Hatarei
September	Mahuta
Sunday	Rāta
Thursday	Taite
Tuesday	Tuere
Wednesday	Wenerei
Week	Wiki
Year	Tau

Diplomacy
Ngā Kōnae

Adviser	Kaitohutohu
Ambassador	Amahadara
Citizens	Nga Tangata
Civic	Civic
Community	Hapori
Conflict	Papā
Discussion	Matapakinga
Embassy	Kāwana
Ethics	Whakamahi
Foreign	Tawahi
Government	Kawanatanga
Humanitarian	Tangata
Integrity	Tika
Justice	Tika
Languages	Nga Reo
Politics	Pākehā
Resolution	Taumira
Security	Te Whakamahi
Solution	Rongoā
Treaty	Tiriti

Driving
Te Taraiwa

Accident	Aituā
Brakes	Pere
Car	Waka
Danger	Te Whakamahi
Driver	Te Kaupapa
Fuel	Wahi
Garage	Karate
Gas	Kūkā
License	Raihana
Map	Mapi
Motor	Mīhini
Motorcycle	Motika
Pedestrian	Hiki
Police	Pirihimana
Road	Te Rori
Safety	Haumaru
Speed	Tere
Street	Tiriti
Truck	Taraka
Tunnel	Poka

Ecology
Pūtaiao

Climate	Rangi
Communities	Iwi Whānui
Diversity	Kaupapa
Drought	Te Tauranga
Flora	Flora
Global	Hurinoa
Habitat	Noho
Marine	Moana
Marsh	Mahi
Mountains	Maunga
Natural	Māori
Nature	Taiao
Plants	Tipu
Resources	Ngā Rauemi
Species	Momo
Survival	Ora
Sustainable	Pūrei
Vegetation	Utauta
Volunteers	Nga Kaupapa

Emotions
Tautoko

Anger	Riri
Bliss	Pōkākā
Boredom	Pōhēhētanga
Calm	Āio
Content	Kaupapa
Embarrassed	Whakamā
Fear	Wehi
Grateful	Whakamahi
Love	Aroha
Peace	Rangimārie
Relaxed	Tangata
Relief	Āwhina
Sadness	Pouri
Satisfied	Te Ngaro
Surprise	Tumeke
Sympathy	Aroha
Tenderness	Ngāwari
Tranquility	Ngahau

Energy
Pūngao

Battery	Pūhiko
Carbon	Waro
Diesel	Diesel
Electric	Hiko
Electron	Irahiko
Engine	Pūkaha
Entropy	Entropi
Environment	Taiao
Fuel	Wahi
Gasoline	Nui Hiko
Heat	Wera
Hydrogen	Waiwai
Industry	Ahumahi
Motor	Mīhini
Nuclear	Karihi
Photon	Whakapoto
Pollution	Tūkinotanga
Renewable	Whakahou
Turbine	Turuw
Wind	Hau

Engineering
Mātauranga

Angle	Koki
Axis	Tuaka
Calculation	Tatauranga
Construction	Hanganga
Depth	Hohonu
Diagram	Hoahoa
Diameter	Rangiwhiti
Diesel	Diesel
Distribution	Tohaina
Energy	Pūngao
Engine	Pūkaha
Levers	Nga Hua
Liquid	Wai
Measurement	Inenga
Motion	Taiwhanga
Motor	Mīhini
Propulsion	Propulsion
Stability	Te Whakanui
Strength	Kaha
Structure	Hanga

Family
Whānau

Ancestor	Tupuna
Aunt	Kia
Brother	Teina
Child	Tamaiti
Childhood	Tamariki
Cousin	Koe
Daughter	Tamahine
Father	Papa
Grandchild	Mokopuna
Grandmother	Kuia
Husband	Tane
Maternal	Whaea
Mother	Wha
Nephew	Irāmu
Niece	Tuhi
Paternal	Patera
Sister	Tuhinga
Twins	Mahia
Uncle	Matua Kēk
Wife	Wahine

Farm #1
Tuhinga #1

Agriculture	Whakamahi
Bee	Pī
Bison	Bison
Calf	Kāwhe
Cat	Ngeru
Chicken	Heihei
Cow	Kau
Crow	Kaua
Dog	Kuri
Donkey	Kaihe
Fence	Taiapa
Fertilizer	He Waiako
Field	Whare
Goat	Koati
Hay	Hei
Honey	Honi
Horse	Hoiho
Rice	Rahi
Seeds	Ngā Kano
Water	Wai

Farm #2
Tuhinga #2

Animals	Kararehe
Barley	Parei
Barn	Whare
Corn	Kānga
Duck	Pārera
Farmer	Kaipāmu
Food	Kai
Fruit	Hua
Irrigation	Waiwai
Lamb	Reme
Llama	Lama
Meadow	Whenua
Milk	Waiū
Orchard	Rākau Wāhi-
Sheep	Hipi
Shepherd	Hēpara
Tractor	Tarakihana
Vegetable	Huawhenua
Wheat	Witi
Windmill	Mataihi

Fashion
Huahua

Affordable	Tahua
Boutique	Arotahi
Buttons	Ngā Pātene
Clothing	Kahu
Elegant	Taiea
Embroidery	Tuituinga
Expensive	Nui
Fabric	Kaupapa
Lace	Rahi
Modern	Hōu
Modest	Whakaaro
Original	Tuatahi
Pattern	Tauira
Practical	Whakamahi
Simple	Mahi
Style	Kāhua
Texture	Kakahu
Trend	Ia

Fishing
Te hī Ika

Bait	Munga
Basket	Kete
Beach	Tahi
Boat	Waka
Cook	Kuka
Equipment	Taputapu
Exaggeration	Whakanui
Gills	Kini
Hook	Mahi
Jaw	Kauae
Lake	Roto
Ocean	Moana
Patience	Whakamahi
River	Awa
Scales	Tauine
Season	Pūtau
Water	Wai
Weight	Paunatia
Wire	Waea

Food #1
Tuhinga #1

Apricot	Apricot
Barley	Parei
Basil	Wāwā
Carrot	Taro
Cinnamon	Hinamona
Garlic	Kāpākā
Juice	Hui
Lemon	Remana
Milk	Waiū
Onion	Orini
Peanut	Pānati
Pear	Para
Salad	Salad
Salt	Tote
Soup	Hupa
Spinach	Piinika
Strawberry	Rōpere
Sugar	Huka
Tuna	Tuna
Turnip	Tīhoi

Food #2
Kai #2

Apple	Āporo
Artichoke	Artichoke
Banana	Panana
Broccoli	Korokoli
Celery	Haiti
Cheese	Tīhi
Cherry	Pīkī
Chicken	Heihei
Chocolate	Tiokorete
Egg	Hua
Eggplant	Ūnga
Fish	Ika
Grape	Karepe
Ham	Ham
Kiwi	Kiwi
Mushroom	Harore
Rice	Rahi
Tomato	Tomato
Wheat	Witi
Yogurt	Whiu

Fruit
Kāwai

Apple	Āporo
Apricot	Apricot
Avocado	Avocado
Banana	Panana
Berry	Berry
Cherry	Pīkī
Coconut	Tio
Fig	Piki
Grape	Karepe
Guava	Kuava
Kiwi	Kiwi
Lemon	Remana
Mango	Mango
Melon	Merengi
Nectarine	Nektarina
Papaya	Papaia
Peach	Pītiti
Pear	Para
Pineapple	Paina
Raspberry	Raspberi

Garden
Pātai

Bench	Puku
Bush	Puhi
Fence	Taiapa
Flower	Pua
Garage	Karate
Garden	Kāri
Grass	Pātītī
Hammock	Hammock
Hose	Hōki
Lawn	Rawa
Orchard	Rākau Wāhi-
Pond	Hāroto
Porch	Whakamahau
Rake	Rake
Shovel	Koe
Terrace	Terrace
Trampoline	Tampoline
Tree	Rākau
Vine	Waina
Weeds	Nga Taru

Gardening
Mātauranga

Blossom	Koi
Botanical	Botanical
Bouquet	Bouquet
Climate	Rangi
Compost	Compost
Container	Ipu
Dirt	One
Edible	Kai
Exotic	Tangata
Foliage	Rapu
Hose	Hōki
Leaf	Rau
Moisture	Makuku
Orchard	Rākau Wāhi-
Seasonal	Waiho
Seeds	Ngā Kano
Soil	Oneone
Species	Momo
Water	Wai

Geography
Ahitereiria

Altitude	Teitei
Atlas	Ngā Pūwāhi
City	Tāone
Country	Whenua
Elevation	Tinga
Equator	Tawhā
Globe	Kaupapa
Hemisphere	Tuakoi
Island	Motu
Longitude	Te Roa
Map	Mapi
Meridian	Meridian
Mountain	Maunga
North	Raki
Region	Rohe
River	Awa
Sea	Moana
South	Tonga
West	Uru
World	Ao

Geology
_whakatika

Acid	Waikawa
Calcium	Kaupapa
Cavern	Ana
Continent	Whenua
Coral	Wheo
Crystals	Tioata
Cycles	Ngā Hurinoa
Earthquake	Rūri
Erosion	Te Hunga
Fossil	Korero
Geyser	Geyser
Lava	Rangitoto
Layer	Apa
Minerals	Minerals
Plateau	Pāpapa
Quartz	Koata
Salt	Tote
Stalactite	Stalactite
Stone	Toka
Volcano	Puia

Geometry
Ingoa

Angle	Koki
Calculation	Tatauranga
Circle	Porohita
Curve	Ānau
Diameter	Rangiwhiti
Dimension	Ahu
Equation	Whārite
Height	Teitei
Horizontal	Whakapae
Logic	Arorau
Mass	Whānui
Median	Waenga
Number	Nui
Parallel	Whakarara
Proportion	Whakatahi
Segment	Wāhanga
Surface	Mata
Symmetry	Symmetry
Theory	Ariā
Triangle	Titiro

Government
Kāwanatanga

Citizenship	Tohu Tangata
Civil	Ā-Ihu
Constitution	Te Whakaaro
Democracy	Demokarata
Discussion	Matapakinga
District	Takiwa
Equality	Ōritenga
Independence	Tangata
Judicial	Whakawa
Justice	Tika
Law	Ture
Leader	Arataki
Liberty	Waiata
Monument	Whakamahi
Nation	Iwi
Peaceful	Rangimārie
Politics	Pākehā
Speech	Korero
State	Kāwana
Symbol	Tohu

Hair Types
Momo Huruhuru

Bald	Pakira
Black	Pango
Blond	Kakaho
Braided	Whiri
Braids	Braids
Brown	Parauri
Colored	Taea
Curly	Korero
Dry	Maroke
Gray	Kerei
Healthy	Ora
Long	Roa
Shiny	Hiki
Short	Poto
Silver	Hiriwa
Soft	Ngohe
Thick	Mātotoru
Thin	Angiangi
Wavy	Wahi
White	Mā

Health and Wellness #1
Hauora me te Oranga #1

Bacteria	Huakita
Bones	Wheua
Clinic	Whare Haumanu
Doctor	Tākuta
Fracture	Whare
Habit	Putanga
Height	Teitei
Hormones	Taiaki
Hunger	Hiakai
Injury	Mate
Medicine	Rongoā
Muscles	Mahi
Posture	Tōpū
Reflex	Whakaaro
Relaxation	Whakatanga
Skin	Kiri
Treatment	Whakamahi
Virus	Wheori

Health and Wellness #2
Hauora me te Oranga #2

Allergy	Mate Pāwera
Anatomy	Kikokiko
Appetite	Hiako
Blood	Toto
Calorie	Korero
Diet	Kaupapa
Digestion	Whakanui
Disease	Mate
Energy	Pūngao
Genetics	Iranga
Healthy	Ora
Hospital	Hopirate
Hygiene	Wairangi
Infection	Mate Uruta
Massage	Mahi
Mood	Wairua
Nutrition	Te Kainga
Recovery	Whakaora
Vitamin	Huatau
Weight	Paunatia

Herbalism
Otaota Otaota

Aromatic	Aromatika
Basil	Wāwā
Culinary	Tangata
Fennel	Pātata
Flavor	Tāhuhu
Flower	Pua
Garden	Kāri
Garlic	Kāpākā
Green	Kakakaka
Ingredient	Whakamahi
Lavender	Lavender
Marjoram	Marjoram
Mint	Puhi
Oregano	Ornatoo
Parsley	Parsley
Plant	Tipu
Quality	Kounga
Rosemary	Māharahara
Saffron	Saffron
Tarragon	Tarragon

Hiking
Te Hīkoi

Animals	Kararehe
Boots	Ngā Pūtu
Camping	Hōpua
Cliff	Pari
Climate	Rangi
Guides	Kaiarahi
Heavy	Taumaha
Map	Mapi
Mosquitoes	Namu
Mountain	Maunga
Nature	Taiao
Orientation	Whakatahi
Parks	Paka
Preparation	Whakaritenga
Stones	Kohatu
Summit	Kōpaki
Sun	Ra
Tired	Hōhā
Water	Wai
Wild	Moho

House
Whare

Attic	Pātātā
Broom	Broom
Curtains	Ārai
Door	Tatau
Fence	Taiapa
Fireplace	Pārara
Floor	Papa
Furniture	Taonga
Garage	Karate
Garden	Kāri
Keys	Kī
Kitchen	Kutahi
Lamp	Rama
Library	Pukapuka
Mirror	Whakaata
Roof	Tapu
Room	Rūma
Shower	Wairākau
Wall	Paia
Window	Matamata

Human Body
Tinana Tangata

Ankle	Panake
Blood	Toto
Bones	Wheua
Brain	Roro
Chin	Kauae
Ear	Taringa
Elbow	Whatīanga
Face	Mata
Finger	Mahi
Hand	Rima
Head	Upoko
Heart	Ngakau
Knee	Turi
Leg	Wae
Lips	Ngutu
Mouth	Waha
Neck	Kaki
Nose	Ihu
Shoulder	Pakihiwi
Skin	Kiri

Jazz
Hauora

Album	Pukapuka
Applause	Pakipaki
Artist	Toi Toi
Composer	Kaitito
Concert	Concert
Drums	Papu
Emphasis	Arotahi
Famous	Kaupapa
Favorites	Kaupapa
Improvisation	Whakamahi
Music	Puoro
New	Hou
Old	Tawhito
Orchestra	Rōpū Whāngai
Rhythm	Tāhei
Song	Waiata
Style	Kāhua
Talent	Tika
Technique	Mahi Hāngai

Kitchen
Kāwai

Apron	Apron
Bowl	Oko
Cups	Kaupapa
Food	Kai
Forks	Forks
Freezer	Whakamahi
Grill	Mātātā
Jar	Ipu
Jug	Tiaka
Kettle	Pata
Knives	Nanihi
Napkin	Tapu
Oven	Umu
Recipe	Tikanga
Refrigerator	Pātūākātahi
Spices	Nga Karakia
Sponge	Hautai
Spoons	Kono

Landscapes
Whenua

Beach	Tahi
Cave	Ana
Cliff	Pari
Desert	Koraha
Geyser	Geyser
Glacier	Kōpaka
Gulf	Kōkā
Iceberg	Pākehā
Island	Motu
Lake	Roto
Mountain	Maunga
Oasis	Whār
Peninsula	Peninsula
River	Awa
Sea	Moana
Swamp	Repo
Tundra	Tundra
Valley	Rawa
Volcano	Puia
Waterfall	Wairangi

Mammals
Ingoa

Bear	Paha
Beaver	Puru
Bull	Pūru
Cat	Ngeru
Coyote	Pākehā
Dog	Kuri
Dolphin	Aihe
Elephant	Arewhana
Fox	Pōkihi
Giraffe	Giraffe
Gorilla	Gorilla
Horse	Hoiho
Kangaroo	Ngawhākāna
Lion	Raiona
Monkey	Maki
Rabbit	Rapiti
Sheep	Hipi
Whale	Tohorā
Wolf	Wolf
Zebra	Zebra

Math
Mātauranga

Angles	Koki
Arithmetic	Arithmetik
Circumference	Te Kaupapa
Decimal	Te Hira
Diameter	Rangiwhiti
Division	Whakawehe
Equation	Whārite
Exponent	Whakamahi
Fraction	Hautanga
Geometry	Geometry
Parallel	Whakarara
Parallelogram	Parallelogram
Perimeter	Paenga
Polygon	Polygon
Radius	Pūtoro
Rectangle	Tapawhā
Square	Whawhai
Symmetry	Symmetry
Triangle	Titiro
Volume	Roto

Measurements
Inenga

Byte	Paita
Centimeter	Initia
Decimal	Te Hira
Degree	Waeine
Depth	Hohonu
Gram	Karama
Height	Teitei
Inch	Īhi
Kilogram	Kirorama
Kilometer	00 1
Length	Te Roa
Liter	Rita
Mass	Whānui
Meter	Mita
Minute	Meneti
Ounce	Oune
Ton	Tona
Volume	Roto
Weight	Paunatia

Meditation
Whakaaroaro

Acceptance	Whakaaetanga
Awake	Ara
Breathing	Hawa
Calm	Āio
Clarity	Pūrata
Compassion	Aroha
Emotions	Nga Karere
Gratitude	He Whakamahi
Happiness	Kōhau
Kindness	Whakamahi
Mental	Whakaaro
Mind	Whakaaro
Movement	Te Neke
Music	Puoro
Nature	Taiao
Observation	Kitenga
Peace	Rangimārie
Perspective	Tirohanga
Silence	Ngū
Thoughts	Nga Whakaaro

Music
Waiata

Album	Pukapuka
Ballad	Parara
Chorus	Korero
Classical	Rangatira
Harmonic	Harmonic
Harmony	Harmoni
Improvise	Whakamahi
Instrument	Taputapu
Melody	Melodi
Microphone	Hopuoro
Musical	Pūoro
Musician	Waiata
Opera	Opera
Poetic	Tohutohu Puku
Recording	Tāhopu
Rhythm	Tāhei
Sing	Tangi
Singer	Waiata

Musical Instruments
Ngā Taputapu Puoro

Banjo	Banjo
Bassoon	Bassoon
Cello	Pūtau
Clarinet	Pūwhānuinui
Drum	Pūngao
Flute	Koura
Gong	Kong
Guitar	Kita
Harmonica	Harmonika
Harp	Hapa
Mandolin	Mandolin
Oboe	Oboe
Percussion	Whakapapa
Piano	Piano
Saxophone	Saxophone
Tambourine	Tambourine
Trombone	Trombone
Trumpet	Tētere
Violin	Wairangi

Mythology
Ngā Kōnae

Archetype	Archetype
Behavior	Whawhai
Beliefs	Ngā Tūpono
Creation	Te Hanga
Creature	Kaupapa
Culture	Tikanga
Disaster	Aituā
Heaven	Rangi
Hero	Heri
Heroine	Ngahuru
Immortality	Mate Mate
Jealousy	Ngakau
Labyrinth	Labyrinth
Lightning	Uira
Monster	Tangata
Mortal	Mate
Revenge	Utu
Strength	Kaha
Thunder	Whaititiri
Warrior	Toa

Nature
Taiao

Animals	Kararehe
Arctic	Artikika
Beauty	Ataahua
Bees	Pī
Cliffs	Pari
Clouds	Kapua
Desert	Koraha
Dynamic	Hihiri
Erosion	Te Hunga
Fog	Kohu
Foliage	Rapu
Forest	Ngahere
Glacier	Kōpaka
Peaceful	Rangimārie
River	Awa
Sanctuary	Tapu
Serene	Koho
Tropical	Pakihi
Vital	Awhina
Wild	Moho

Numbers
Ngā Tokomaha

Decimal	Te Hira
Eight	Waru
Eighteen	Tekau ma Waru
Fifteen	Tekau ma Rima
Five	Rima
Four	Whā
Fourteen	Tekau ma Wha
Nine	Iwa
Nineteen	Tekau ma Iwa
One	Tahi
Seven	Whitu
Six	Ono
Sixteen	Tekau mā Ono
Ten	Tekau
Thirteen	Tekau ma Toru
Three	Toru
Twelve	Tekau Maua
Twenty	Rua Tekau
Two	Rua
Zero	Kore

Nutrition
Hauora

Appetite	Hiako
Balanced	Whawhai
Bitter	Kawai
Calories	Karangi
Carbohydrates	Ngawhawaiwai
Diet	Kaupapa
Digestion	Whakanui
Edible	Kai
Fermentation	Fermentation
Flavor	Tāhuhu
Health	Hauora
Healthy	Ora
Liquids	Nga Wai
Proteins	Pūmua
Quality	Kounga
Sauce	Rahi
Spices	Nga Karakia
Toxin	Toxin
Vitamin	Huatau
Weight	Paunatia

Ocean
Ingoa

Boat	Waka
Coral	Wheo
Crab	Papaka
Dolphin	Aihe
Fish	Ika
Jellyfish	Ngako
Octopus	Wheke
Oyster	Tio
Reef	Tokarākau
Salt	Tote
Shark	Mano
Shrimp	Hiki
Sponge	Hautai
Storm	Ahi
Tides	Nga Tai
Tuna	Tuna
Turtle	Honu
Waves	Ngaru
Whale	Tohorā

Pets
Nga Mokai

Cat	Ngeru
Collar	Kara
Cow	Kau
Dog	Kuri
Fish	Ika
Food	Kai
Goat	Koati
Hamster	Hamster
Leash	Hei
Lizard	Mokomoko
Mouse	Kiore
Parrot	Kākā
Puppy	Pipi
Rabbit	Rapiti
Tail	Hiku
Turtle	Honu
Veterinarian	Taitaiata
Water	Wai

Philanthropy
Te Manaakitanga

Charity	Aroha
Children	Tamariki
Community	Hapori
Contacts	Whakapapa
Donate	Koha
Finance	Putea
Funds	Ngā Pūtea
Generosity	Ohaoha
Global	Hurinoa
Goals	Nga Whainga
Groups	Ngā Rōpū
History	Nga Korero
Honesty	Tika
Humanity	Tangata
Mission	Mahi
Need	Hiahia
People	Iwi
Programs	Nga Kaupapa
Public	Kaupapa

Photography
Whakaahua

Black	Pango
Camera	Kāmera
Color	Tae
Composition	Kaupapa
Contrast	Pūrata
Darkness	Pouri
Definition	Whakamahi
Exhibition	Whakatanga
Format	Huka
Frame	Anga
Lighting	Rama
Object	Object
Perspective	Tirohanga
Portrait	Poutū
Shadows	Ngā Kōruru
Subject	Pūāhua
Texture	Kakahu
Visual	Whakaaro

Physics
Mātauranga

Acceleration	Whakaoke
Atom	Ngo
Chaos	Te Huru
Chemical	Matū
Density	Kiato
Electron	Irahiko
Engine	Pūkaha
Formula	Tātai
Frequency	Rerequeni
Gas	Kūkā
Magnetism	Whakamahi
Mass	Whānui
Mechanics	Nga Mahi
Molecule	Rāpoi Ngota
Nuclear	Karihi
Particle	Paricle
Relativity	Whāngaitanga
Speed	Tere
Universal	Wananga
Velocity	Velocity

Plants
Ngā Otaota

Bamboo	Inanga
Bean	Pini
Berry	Berry
Botany	Botani
Bush	Puhi
Cactus	Tipu Taratara
Fertilizer	He Waiako
Flora	Flora
Flower	Pua
Foliage	Rapu
Forest	Ngahere
Garden	Kāri
Grass	Pātītī
Ivy	Ivy
Moss	Pūkohu
Petal	Petala
Root	Pakaka
Stem	Tāt
Tree	Rākau
Vegetation	Utauta

Professions #1
Nga Mahi #1

Ambassador	Amahadara
Artist	Toi Toi
Athlete	Kaipara
Attorney	Roia
Banker	Kaupapa
Cartographer	Kaupapa
Dancer	Hurihuri
Doctor	Tākuta
Editor	Etita
Firefighter	Kaupapa Ahi
Geologist	Ahu-A-Nukt
Hunter	Whakamahi
Lawyer	Rōia
Musician	Waiata
Nurse	Nahi
Pianist	Pianiti
Plumber	Pūwha Wai
Sailor	Kai Sailor
Tailor	Kaupapa
Veterinarian	Taitaiata

Professions #2
Nga Mahi #2

Astronaut	Wharerangi
Chemist	Kaimahi
Dentist	Rongoā Niho
Farmer	Kaipāmu
Gardener	Kaimahi Tiaki
Inventor	Kaupapa
Investigator	Kaitirotiro
Librarian	Pukapuka
Linguist	Te Reo
Painter	Panuitanga
Philosopher	Pilosopa
Photographer	Kaiwhakaahua
Physician	Rata
Pilot	Kaihautū
Professor	Oranga
Publisher	Kaiwhakaputa
Researcher	Kaipānui
Surgeon	Tauhau
Teacher	Kaiako
Zoologist	Tohutohu Wha

Psychology
Ahitereiria

Assessment	Aromatawai
Behavior	Whawhai
Childhood	Tamariki
Clinical	Haumanu
Conflict	Papā
Dreams	Moe
Ego	Pūkoro
Emotions	Nga Karere
Experiences	Wheako
Ideas	Whakaaro
Memories	Pūmahara
Perception	Kitenga
Personality	Tangata
Problem	Raruraru
Reality	Tino
Subconscious	Kaupapa
Therapy	Whakamahi
Thoughts	Nga Whakaaro
Unconscious	Ngaro

Rainforest
Ingoa

Amphibians	Aamphibians
Birds	Manu
Botanical	Botanical
Climate	Rangi
Clouds	Kapua
Community	Hapori
Diversity	Kaupapa
Indigenous	Tangata
Insects	Ngārara
Jungle	Ngahere
Mammals	Whāngia
Moss	Pūkohu
Nature	Taiao
Preservation	Whakapaki
Refuge	Rongoā
Respect	Whakanui
Species	Momo
Survival	Ora
Valuable	Pūtea

Restaurant #2
Whakautu #2

Appetizer	Kaupapa
Beverage	Inoi
Cake	Keke
Chair	Tūru
Delicious	Hōnā
Dinner	Tina
Fish	Ika
Fork	Mōk
Fruit	Hua
Ice	Tio
Noodles	Kimi
Salad	Salad
Salt	Tote
Soup	Hupa
Spices	Nga Karakia
Spoon	Kono
Vegetables	Whānuu
Waiter	Waitere
Water	Wai

Science
Pūtaiao

Atom	Ngo
Chemical	Matū
Climate	Rangi
Data	Raraunga
Evolution	Ehupurangi
Experiment	Whakamahi
Fact	Meka
Fossil	Korero
Gravity	Gravity
Hypothesis	Te Whakamahi
Laboratory	Whārangi
Method	Kaupapa
Minerals	Minerals
Molecules	Rāpoi Ngota
Nature	Taiao
Observation	Kitenga
Organism	Rauropi
Particles	Ngā Pū
Physics	Ahua
Plants	Tipu

Science Fiction
Pūtaiao Pakimaero

Atomic	Ngota
Books	Pukapuka
Cinema	Himena
Distant	Tatawa
Dystopia	Dystopia
Explosion	Pāwhara
Extreme	Korero
Fantastic	Fantastic
Fire	Ahi
Galaxy	Ikarangi
Illusion	Porohanga
Imaginary	Pohewa
Mysterious	Mahi Ngaro
Oracle	Oracle
Planet	Aorangi
Realistic	Tino
Robots	Ngā Āwhina
Technology	Hangarau
Utopia	Wttaia
World	Ao

Scientific Disciplines
Nga Tikanga Putaiao

Anatomy	Kikokiko
Archaeology	Mahi Whenua
Astronomy	Arorangi
Biochemistry	Biochemistry
Biology	Koiora
Botany	Botani
Chemistry	Mātai Matū
Ecology	Aroha
Geology	Matawhenua
Kinesiology	Kinesiology
Linguistics	Te Reo
Mechanics	Nga Mahi
Meteorology	Matauranga
Mineralogy	Mineralogy
Neurology	Neurology
Nutrition	Te Kainga
Physiology	Oropi
Sociology	Sociology
Thermodynamics	Whakamahi
Zoology	Zoology

Shapes
Ngā Kōnae

Arc	Awa
Circle	Porohita
Cone	Koe
Corner	Kokonga
Cube	Kupiki
Curve	Ānau
Cylinder	Porotakaroa
Edges	Tapi
Ellipse	Ellipse
Hyperbola	Pūwerewere
Line	Rina
Oval	Porotōtaha
Polygon	Polygon
Prism	Prism
Pyramid	Tara
Rectangle	Tapawhā
Side	Taha
Sphere	Rangi
Square	Whawhai
Triangle	Titiro

Spices
Nga mea Kakara

Anise	Anise
Bitter	Kawai
Cardamom	Cardamom
Cinnamon	Hinamona
Clove	Korero
Coriander	Pūrarara
Cumin	Ūhww
Curry	Kari
Fennel	Pātata
Fenugreek	Fenugreek
Flavor	Tāhuhu
Garlic	Kāpākā
Ginger	Kaneke
Nutmeg	Nutmeg
Onion	Orini
Paprika	Paprika
Saffron	Saffron
Salt	Tote
Sweet	Mahi
Vanilla	Pārara

Sport
Ahitereiria

Athlete	Kaipara
Body	Tino
Bones	Wheua
Coach	Kaupapa
Cycling	Pahikara
Dancing	Kanikani
Diet	Kaupapa
Endurance	Āheinga
Goal	Tohu
Health	Hauora
Jogging	Hiki
Maximize	Whakamahi
Metabolic	Metaboli
Muscles	Mahi
Nutrition	Te Kainga
Program	Kaupapa
Sports	Hākinakina
Strength	Kaha

Sports
Hākinakina

Athlete	Kaipara
Baseball	Pōroro
Basketball	Poitūkohu
Bicycle	Paihikara
Championship	Whakataehau
Coach	Kaupapa
Game	Kēmu
Golf	Korowha
Gymnasium	Humanahima
Gymnastics	Pātī
Hockey	Hoki
Movement	Te Neke
Player	Kaitākaro
Referee	Kaiwawao
Stadium	Wananga
Team	Tama
Tennis	Tēnehi
Winner	Toa

Technology
Hangarau

Blog	Blog
Browser	Te Kaupapa
Camera	Kāmera
Computer	Rorohiko
Cursor	Pehu
Data	Raraunga
Digital	Mamati
Display	Whakaatu
File	Kupu
Font	Momotuhi
Internet	Ipurangi
Message	Karere
Research	Rangahau
Screen	Mata
Security	Te Whakamahi
Software	Pūmanawa
Statistics	Tauanga
Virtual	Mariko
Virus	Wheori

The Company
Ko te Kamupene

Business	Pākihi
Creative	Aroha
Decision	Whakataunga
Employment	Mahi
Global	Hurinoa
Industry	Ahumahi
Innovative	Whakamahi
Possibility	Kaupapa
Presentation	Whakaaturanga
Product	Hua
Professional	Ngaio
Progress	Kaunuku
Quality	Kounga
Reputation	Rongonui
Resources	Ngā Rauemi
Revenue	Whawhai
Risks	Ngā Mōrea
Trends	Pūāhua
Units	Ngā Wae
Wages	Utu

Time
Te Wa

After	I Muri
Annual	Tau
Before	I Mua
Calendar	Maramataka
Century	Rau Tau
Clock	Karaka
Day	Ra
Decade	Tekau Tau
Early	Moata
Future	A Mua
Hour	Hour
Minute	Meneti
Month	Marama
Morning	Ata
Night	Po
Now	Nei
Soon	Taihoa
Today	Āianei
Week	Wiki
Yesterday	Ākuanei

Universe
Ingoa

Asteroid	Asteroid
Astronomy	Arorangi
Atmosphere	Kauwhau
Celestial	Tiretiera
Cosmic	Cosmic
Darkness	Pouri
Equator	Tawhā
Galaxy	Ikarangi
Hemisphere	Tuakoi
Horizon	Whārangi
Longitude	Te Roa
Moon	Mama
Orbit	Āwhina
Sky	Rangi
Solar	Kōmaru Rā
Solstice	Solstice
Tilt	Tata
Visible	Ka Kitea
Zodiac	Zodiac

Vacation #2
Tuhinga #2

Airport	Wananga
Beach	Tahi
Camping	Hōpua
Destination	Ūnga
Foreign	Tawahi
Hotel	Hōtēra
Island	Motu
Journey	Haere
Leisure	Te Rahi
Map	Mapi
Mountains	Maunga
Passport	Uruwhenua
Reservations	Tāpuitanga
Sea	Moana
Taxi	Teki
Tent	Tentae
Train	Tereina
Transportation	Whakamahi
Visa	Visa

Vegetables
Huawhenua

Artichoke	Artichoke
Broccoli	Korokoli
Carrot	Taro
Cauliflower	Kārera
Celery	Haiti
Cucumber	Kumaka
Eggplant	Ūnga
Garlic	Kāpākā
Ginger	Kaneke
Mushroom	Harore
Onion	Orini
Parsley	Parsley
Pea	Pea
Pumpkin	Paukena
Radish	Radish
Salad	Salad
Shallot	Shallot
Spinach	Piinika
Tomato	Tomato
Turnip	Tīhoi

Vehicles
Nga Waka

Airplane	Wakarererangi
Ambulance	Waka Aroaro
Bicycle	Paihikara
Bus	Pahi
Car	Waka
Caravan	Kaiaia
Engine	Pūkaha
Helicopter	Hepapa
Motor	Mīhini
Raft	Rako
Rocket	Tākirirangi
Scooter	Kaupapa
Subway	Whare
Taxi	Teki
Tires	Ngā Tare
Tractor	Tarakihana
Train	Tereina
Truck	Taraka

Visual Arts
Ngā toi Ataata

Architecture	Whakamahi
Artist	Toi Toi
Ceramics	Nga Kaupapa
Chalk	Tioka
Charcoal	Waro
Clay	Uku
Composition	Kaupapa
Creativity	Te Whakamahi
Easel	Easel
Film	Kiriata
Masterpiece	Masterpiece
Pen	Pen
Pencil	Peniranga
Perspective	Tirohanga
Photograph	Whakaahua
Sculpture	Whakaaro
Stencil	Tangata
Varnish	Varnish
Wax	Wawai

Water
Wai

Canal	Rawa
Damp	Huku
Evaporation	Whakaheke
Flood	Wapuka
Frost	Hungaku
Geyser	Geyser
Humidity	Makumu
Hurricane	Huri
Ice	Tio
Irrigation	Whakaririga
Lake	Roto
Moisture	Makuku
Monsoon	Monsoon
Ocean	Moana
Rain	Te Ua
River	Awa
Shower	Whakawahi
Snow	Hukae
Steam	Koha
Waves	Nga Ngaru

Weather
Huarere

Atmosphere	Kauwhau
Breeze	Kaupapa
Calm	Maore
Climate	Rangi
Cloud	Kapua
Drought	Te Tauranga
Dry	Morero
Fog	Kohu
Hurricane	Huri
Ice	Tio
Lightning	Uira
Monsoon	Monsoon
Polar	Polar
Rainbow	Awanwani
Storm	Ahi
Temperature	Matamahara
Thunder	Witiro
Tornado	Awhiowhio
Tropical	Heirangi
Wind	Hangi

Congratulations

You made it!

We hope you enjoyed this book as much as we enjoyed making it. We do our best to make high quality games.
These puzzles are designed in a clever way for you to learn actively while having fun!

Did you love them?

A Simple Request

Our books exist thanks your reviews. Could you help us by leaving one now?

Here is a short link which will take you to your order review page:

BestBooksActivity.com/Review50

MONSTER CHALLENGE!

Challenge #1

Ready for Your Bonus Game? We use them all the time but they are not so easy to find. Here are **Synonyms**!

Note 5 words you discovered in each of the Puzzles noted below (#21, #36, #76) and try to find 2 synonyms for each word.

Note 5 Words from *Puzzle 21*

Words	Synonym 1	Synonym 2

Note 5 Words from *Puzzle 36*

Words	Synonym 1	Synonym 2

Note 5 Words from *Puzzle 76*

Words	Synonym 1	Synonym 2

Challenge #2

Now that you are warmed-up, note 5 words you discovered in each Puzzle
noted below (#9, #17, #25) and try to find 2 antonyms for each word.
How many lines can you do in 20 minutes?

Note 5 Words from *Puzzle 9*

Words	Antonym 1	Antonym 2

Note 5 Words from *Puzzle 17*

Words	Antonym 1	Antonym 2

Note 5 Words from *Puzzle 25*

Words	Antonym 1	Antonym 2

Challenge #3

Wonderful, this monster challenge is nothing to you!

Ready for the last one? Choose your 10 favorite words discovered in any of the Puzzles and note them below.

1.	6.
2.	7.
3.	8.
4.	9.
5.	10.

Now, using these words and within a maximum of six sentences, your challenge is to compose a text about a person, animal or place that you love!

Tip: You can use the last blank page of this book as a draft!

Your Writing:

Explore a Unique Store
Set Up **FOR YOU!**

BestActivityBooks.com/TheStore

Designed for Entertainment!

Light Up Your Brain With Unique **Gift Ideas**.

Access **Surprising** And **Essential Supplies!**

CHECK OUT OUR MONTHLY SELECTION NOW!

- Expertly Crafted Products -

NOTEBOOK:

SEE YOU SOON!

Linguas Classics Team

BESTACTIVITYBOOKS.COM/FREEGAMES